心をひらく道徳授業実践講座【2】

子どもが変わる道徳授業

——小中学校タイプ別授業事例集——

鈴木由美子　宮里智恵　森川敦子【編】

溪水社

イラスト　わたなべふみ

序

道徳授業で子どもが変わるのか。私も道徳授業研究を始めた10年ほど前は、そのような疑問を感じていました。でもあるとき、「変わる」と確信する授業に出会ったのです。それは広島県のある中学校でした。道徳の授業研究は、先生方ほとんどが初めてでした。私も、小学校での授業研究をしたことはありましたが、中学校でも同じやり方でよいのか、不安な気持ちを持っていました。その日から、先生方と協力して、道徳授業をコアにしながら中学生の変容を促すよう努力していきました。

当時その中学校は、なかなか生徒がやる気を出してくれず、成績も芳しくありませんでした。でも生徒たちは人なつこく、いつも笑顔で私に挨拶してくれる学校でした。生徒の心を耕しやる気を出していけば、元々素直な子どもたちなのだからきっと応えてくれるだろう。校長先生や研究主任、教務主任の先生方と相談しながら、中学校での道徳授業研究がスタートしました。そうして１年後、子どもたちは変わりました。劇的に変わったのです。素直に自分の意見をいう生徒、友だちの話をしっかり聞く生徒、生徒のために１時間の道徳授業を一生懸命準備される先生。その姿を見て胸がいっぱいになりました。その中学校でかつて先生をされていた方が、子どもというものはこんなにも変わるものなのか、と涙を流されたそうです。私はそのとき、道徳授業で学校は変わると確信したのです。

「道徳授業が変われば先生が変わる。先生が変われば生徒が変わる。生徒が変われば保護者が変わる。保護者が変われば学校が変わる」。私がモットーとしている言葉です。子どもを変えようとするのではありません。先生が変わるのです。道徳授業の実践研究をすることは、先生が変わるのにとても効果的なのです。

道徳授業では、教科のようにひとつの答えを出す必要がありません。子どもは自由です。先生も自由です。そうすると何が起こるか。先生は子どもを子どものまま理解するようになるのです。先ほど例にあげた中学校でも、最初のころは読み物教材をどう教えるかに関心を持たれていました。私はお話ししました。「子どもを見てください。読み物教材の中にではなく、子どもの中にヒントがあり答えがあるのです」と。

子どもが何を知りたいのかわかろうとすれば、子どもに対するまなざしが変わります。同じ人間なのだということがわかります。先生が教え、子どもが学ぶのではありません。先生も子どもも、ともに学ぶのです。何を学ぶのか。生きることの意味を、です。すぐに答えが出ることではありません。先生を長くやっていると、問題には答えがあると思ってしまいがちです。たしかに答えがあることもあるでしょう。でも世の中の多くは不思議で満ちており、わからないこともたくさんあります。わからないから学ぶのです。学ぶものとして、私たちは同等なのです。アラゴンの有名な詩の一節がありますね。「教えるとは誠実を胸に刻むこと。学ぶとはともに未来を語ること」。子どもたちと、同僚の先生方と、保護者のみなさんと、ともに未来を語ろうではありませんか。

この本には、先生が心をひらいて子どもと向き合い、ともに学び合うのにふさわしい教材とその活用方法が述べられています。まずはこの指導案のままやってみてください。そして、自分のものにできたら、オリジナルなものを付け加えていってください。必ず手応えがあることでしょう。それは子どもが表面的に変わったということではなく、先生の中の子どもへのまなざしが変わったということなのです。

本書は、『心をひらく道徳授業実践講座』の第２巻です。第１巻『やさしい道徳授業のつくり方』には、学習指導案の書き方、評価の仕方、板書構成の仕方、発問の仕方、家庭・地域との連携の仕方などについて、丁寧に書かれています。また、本書の副題であるタイプ別指導案について、心情タイプ、心情ジレンマタイプ、プログラムタイプの３タイプによる道徳授業のつくり方が書かれています。合わせてご利用ください。

本書を出そうと考えてから１年以上の月日が過ぎました。お忙しい中、ご執筆くださった小中学校の先生方に御礼申し上げたいと思います。私は先生方から、子どもたちへの深い愛情と、子どもたちを最後まで信じる勇気をいただきました。実践を提供してくださいましたことに心より感謝申し上げます。また所属校の校長先生方にも感謝申し上げます。

出版事情の厳しい中、本書の出版を快くお引き受けくださいました、溪水社社長の木村逸司氏に深く感謝申し上げます。また、同社の木村斉子さんは、遅々として編集の進まぬ私を、励まし勇気づけてくださいました。その励ましがなければ、本書の出版はなかったことでしょう。心より感謝申し上げます。

本書の出版が、子どもたちを立派な人間に育てたいと考えておられる先生方の一助となれば幸いです。

2014年

編者代表　鈴木　由美子

「子どもが変わる道徳授業」

目　次

心をひらく道徳授業実践講座　２巻

子どもが変わる道徳授業

——小中学校タイプ別授業事例集——

第１章　タイプ別道徳授業とは

本書では、道徳授業を３つのタイプに分類している。これは、鈴木・宮里らが、道徳授業の分析のために開発した、心情曲線による道徳教材分析にもとづいた分類である[1)]。

読み物資料を一読し、まず主人公を決める。次に主人公に役割取得する。役割取得するとは、その人の立場に立って考えることを意味する。主人公の立場に立って、プラス（快、嬉しい、楽しい）とマイナス（不快、悲しい、嫌だ）の軸を縦にとり、中間のプラスでもマイナスでもないところに点線を引く。時間の経過を横軸にとって、主人公の感情の動きを、プラス方向とマイナス方向で分析していくのが、心情曲線による道徳教材分析である。心情曲線による道徳教材分析は、ほとんどの読み物教材に用いることができる。また、自作教材を検討する際にも、心情曲線を作成してみるとどのように修正すればよいかがわかりやすい[2)]。以下に例をあげて説明する。

第１節　心情タイプの道徳授業

心情タイプの道徳授業は、主人公に役割取得し、主人公の立場に立って考えることを通して、道徳的価値に気づかせることをねらった授業である。心情教材は、一般的に、主人公の心情が外的要因によって低められ、さらに内的要因によって葛藤に陥るという構造になっている。最後に心情が高まったところに、道徳的価値が示されている。したがって、授業構成は、主人公の（１）最初の心情とその背景の理解、（２）外的要因による心情の落ち込み、（３）内的要因による葛藤、（４）葛藤を乗り越え心情が高まった理由、の４点を押さえればよいことになる。

第２章第１節の「チョロリンのきもち」を取り上げて説明しよう。主人公はポンタである。（１）ポンタは鉄棒が得意である。逆上がりができなくて困っているミミちゃんを手伝ってあげた。そうしたらミミちゃんは逆上がりができて喜んでくれた。（最初の心情とその背景の理解１）。次の日、コンくんが逆上がりができなくて困っていた。ポンタが手伝ってあげたら逆上がりができてコンくんは喜んでくれた。（最初の心情とその背景の理解２）。（２）しばらくしてチョロリンが逆上がりができなくて困っていた。ポンタは、今までのように手伝ってあげた。そうしたらチョロリンは逆上がりができた。でもチョロリンは怒って走っていった。（外的要因による心情の落ち込み）。（３）チョロリンのためにどうすればよかったのかポンタは考えた。（内的要因による葛藤）（４）手伝うだけが優しさではないことに気づいた。相手の気持ちを聞くことが大切だとわかった（葛藤を乗り越え心情が高まった理由）。これら４点を軸にして構成することで、チョロリ

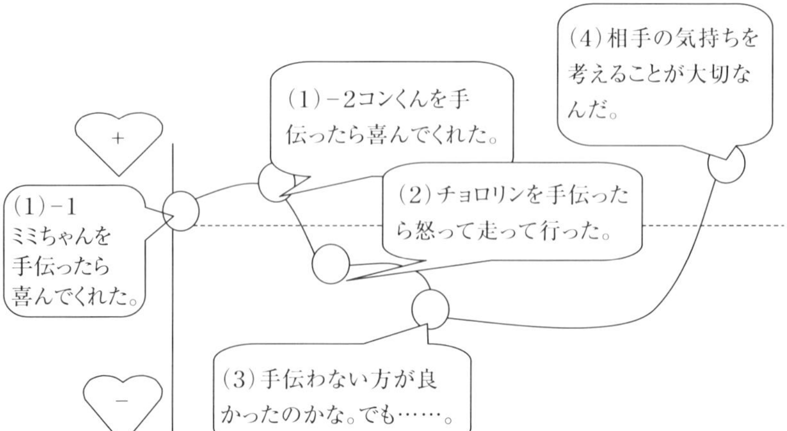

図１−１　心情タイプの心情曲線

ンの心情に共感しながら、人にやさしくすることの大切さ、相手の気持ちを考えることの価値について子どもが学ぶことになる。

この授業の場合、図１－１のような心情曲線を使った教材分析をして、発問構成や板書構成を考えるとよい。実際の授業については、第２章第１節に詳しく述べられている。

第２節　心情ジレンマタイプの道徳授業

心情ジレンマタイプの道徳授業は、主人公に役割取得し、主人公の立場に立って考えるところまでは、心情タイプの道徳授業と同じである。異なる点は、心情ジレンマタイプの教材には、主人公がある行為を選択する際の心情的葛藤が意図的に含まれていることである。心情的葛藤には、「善」と「善」、「善」と「悪」など、いろいろなパターンがある。いずれにせよ、心情的葛藤を乗り越えて、より善い選択をする能力を育成するのがねらいである。したがって、より善い選択はどれか、なぜそのように考えるのか、といった発問が重要な意味を持つ。

授業構成をする際は、心情曲線を使って教材分析を行い、葛藤場面が「する」と「しない」のように二極化するように工夫する。二極化しにくいと予想される場合は、導入などで子どもたちが反対の意見を出しやすいように工夫する。リラックスして自分の意見を出しやすくするために、ゲームや歌などを取り入れてもよいだろう。

心情ジレンマタイプの教材では、（１）主人公の最初の心情とその背景の理解、（２）心情的葛藤の理解、（３）複数の選択可能性とその結果についての予想と吟味、（４）主人公が選んだ行為と選んだ理由についての理解、の４点を押えればよいことになる。とくに大切なことは、（３）のところで、３種類の意見、つまり、「そうする」「そうしない」「どちらにするか迷う」を引き出すことである。そして、選んだ行為の結果について吟味させることが大切である。

第２章第２節で取り上げられている「どっちにすればいいの？」を取り上げて説明しよう。主人公はえりである。（１）えりはまさみとなかよしである。いつもまさみと遊んでいるが､他の人と遊びたいときもあった（主人公の最初の心情とその背景の理解)。（２）ゆう子から、ドッジボールをしてみんなで遊ぼうと誘われた。まさみは、自分と遊んで欲しいと言った（心情的葛藤の理解)。（３）みんなと遊びたい。でも、まさみをひとりぼっちにできない。どうすればいいのか悩んだ（複数の選択可能性とその結果についての予想と吟味)。ここで、「ゆう子たちと遊ぶ」「まさみと遊ぶ」「どちらか迷う」の３種類の意見を引き出し、ゆう子たちと遊ぶことで、まさみの友だちも増えることに気づかせるのが、心情ジレンマ教材のポイントである。（４）ゆう子やえりに誘われて、まさみもドッジボールをすることになり、えりもまさみも、たくさんの友だちができた（主人公が選んだ行為と選んだ理由についての理解)。これら４点を軸にして構成することで、えりのゆれる心情や悩みに共感しながら、たくさんの人とかかわることの大切さ、友情の価値、友だちとしてのふるまい方について子どもが学ぶことになる。

この授業の場合、図１－２のような心情曲線を使った教材分析をして、

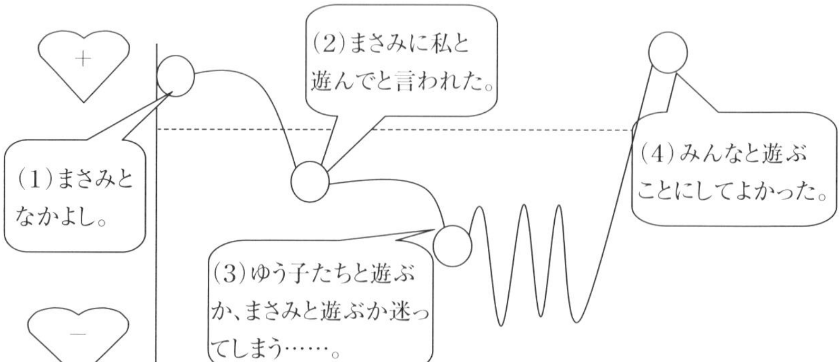

図１－２　心情ジレンマタイプの心情曲線

発問構成や板書構成を考えるとよい。実際の授業については、第２章第２節に詳しく述べられている。

第３節　プログラムタイプの道徳授業

本書では、道徳の時間だけでなく他教科や、家庭や地域との関連を深める方法として、プログラムタイプの道徳学習指導案を取り上げている。プログラムタイプの道徳学習指導案は、道徳学習プログラムとそのプログラムに含まれている道徳授業の指導案とで構成されている。道徳教育を他教科と関連づける方法として、「総合単元的な道徳学習」がある。押谷によれば、総合単元的な道徳学習とは、「特定の道徳的価値に関する学習を道徳の時間だけでなく、関連する教育活動や日常生活をもかかわりをもたせて、それらを一括りとして総合単元的に計画し、長期的展望のもとに継続的に道徳学習ができるようにする」[3)]ものである。

道徳学習プログラムは、「総合単元的な道徳学習」とは異なり、ある教科と道徳の時間、ある体験活動と道徳の時間というように、相互に緊密な関連をはかり、効果的なプログラムを作成するものである。鈴木によれば、「子どもたちに特に身につけさせたい道徳的価値に特化して、教科、教科外活動、家庭・地域との関連を緊密にはかった教育プログラムを作成する」[4)]というものである。道徳の授業をコアとして、各教科または体験活動を組み合わせて作成する。教師の側から見たら道徳教育プログラム、子どもの側から見たら道徳学習プログラムである。本書では、道徳学習プログラムと呼ぶことにする。

道徳学習プログラムは、子どもたちが教科や体験活動を通して学んだことを統合し、価値づけ、その後の生き方を考えることをねらっている。道徳授業そのものは、「心情タイプ」であったり、「心情ジレンマタイプ」であったりする。違いは、単発の道徳授業が、その時間のねらいである道徳的価値に気づかせることをめざすのに対し、道徳学習プログラムでの道徳授業の特徴は、教科の学習や体験活動での学びと関連づけて、子ども自身が、自分はどのように生きたらよいか考えることをめざしているところにある。

道徳学習プログラムの作成の仕方と道徳学習指導案の特徴について、第２章第３節の「はたらくことのよさ」を感じさせるプログラムを取り上げて簡単に説明する。

生活科：	→	道徳の時間：	→	学級会：	→	子どもの意識：
冬休みお仕事チャレンジ①②をすることにより、仕事をすることの大切さを知るとともに、やろうとする意欲を持つ。		「もりのゆうびんやさん」 4−(2)はたらくことのよさ 　雪の日に荷物を配りきったくまさんや、東日本大震災直後に仕事を再開した運送会社の話を通して、仕事をやりきることの喜びに気づき、みんなのために働こうとする気持ちを持つ。		クラスの中で必要な係などを出し合い、責任をもって進んで働こうとする態度を養う。		働くことの大切さを感じ、最後までやりきろうと思う。

図１−３　「はたらくことのよさ」を感じさせるプログラム

道徳の時間に「もりのゆうびんやさん」を用いて、仕事をやりきることの大切さや、みんなのために働こうとする気持ちをもたせることをコアとする。その前の時期に、生活科で冬休みお仕事チャレンジという時間を使って、実際に家庭で自分の仕事を決めやってみるという体験活動を仕組んでおく。お手伝いをするという共有体験を元に、道徳の時間が展開されるので、続けることの大変さ、やりきることの難しさが共通の思いとして出されやすい。それを大切にしながら、それゆえに、仕事をやりきったもりのくまさんや、実際の運送会社の方のすごさが伝わりやすくなる。そこから、みんなのために働くことのよさが共有されるとともに、がんばっている友だちや、困っている友だちを助けようという気持ちも生じる。道徳の時間だけであったら、もりのくまさんや運送会社の方のすごさを感じるだけで終わる可能性もあるが、プログラムとして体験活動を組み合わせることで、自分もそうしようとする意欲や態度が生まれやすいといえる。

「もりのゆうびんやさん」の道徳授業は、心情タイプの授業として行われているので、ここでは心情タイプとして説明することにする。図１－４を参照されたい。

主人公はくまさんである。（１）もりのゆうびんやさんであるくまさんは、毎日郵便を配って喜ばれている（最初の心情とその背景の理解）。（２）ある朝、家の外に雪が降り積もっていた（外的要因による心情の落ち込み）。（３）今日届けなければならない荷物がある。届けないでいいのか、悩んだ（内的要因による葛藤）。（４）がんばって荷物を届けたらやぎじいさんが喜んでくれた（葛藤を乗り越え心情が高まった理由）。

単発の授業であれば、これら４点を軸にして構成することで、くまさんの心情に共感しながら、仕事をやりきることや相手に喜んでもらえることの大切さについて、子どもが学ぶことになる。この授業は、道徳学習プログラムの中の授業なので、プログラムのねらいである「働くことのよさ」を感じさせることへの焦点化までを含むことになる。授業の展開後段で、

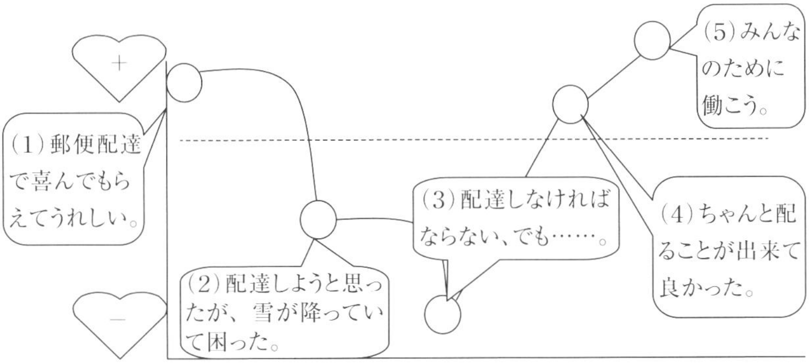

＋
(1)郵便配達で喜んでもらえてうれしい。
(2)配達しようと思ったが、雪が降っていて困った。
(3)配達しなければならない、でも……。
(4)ちゃんと配ることが出来て良かった。
(5)みんなのために働こう。
－

図１－４　プログラムタイプの心情曲線

東日本大震災直後に運送を再開した運送会社の話を聞くことで、みんなのために働くことの大切さへと関連づけ、終末では、自分もそのようにしたいとの意欲づけがはかられている（次の学習への方向づけ）。

本書では、道徳授業を心情曲線による道徳教材分析にしたがって３つのタイプに分類し、小学校低学年、中学年、高学年でそれぞれひとつずつ学習指導案と展開例を掲載している。高学年のプログラムタイプは、小中連携のものを取り上げているので、小中一貫教育や小中連携を考えておられる中学校区の先生には、ぜひ参考にしていただきたい。

中学校では、心情タイプ２例、心情ジレンマタイプ２例、プログラムタイプ１例をあげている。中学校の学習指導案や展開例は、必ずしもタイプ別にきっちりと分けられるものではない。中学生は思春期であり、生徒の考えや思いは多様である。心情タイプであってもジレンマ的に取り扱うこともある。心情ジレンマタイプでは、様々な観点からの教材を用いて生徒に多様な役割取得を促す場合もある。プログラムタイプのものも、学年ごとの行事をコアにもできるし、中学校で３学年を通して中心的に取り扱っていることがらをコアにすることもできる。様々な難しさもあるが、それだけに喜びや驚きがあるのが、中学校の道徳授業である。こうした授業例から、中学生を理解することもできるだろう。

１）瀬川栄志の授業分析法を参考にして、鈴木の研究グループで検討し、心情曲線による道徳教材分析を開発した。（瀬川栄志『授業分析の技術』明治図書、1984年、参照。）

２）鈴木由美子・宮里智恵編著『やさしい道徳授業のつくり方』溪水社、2012年、第８章、参照。

３）押谷由夫『新学習指導要領を生かした道徳の授業　No.1総合単元的道徳学習を取り入れた授業』小学館、2002年、６ページ。

４）鈴木由美子・宮里智恵編著、前掲書、77ページ参照。

コラム①

道徳的思考と価値観

各章の【解説】の中で、自己中心思考、他者思考、自他相互思考、三者的思考という言葉が使われている。これは、セルマンの社会的視点取得理論に基づいて、鈴木らが開発した道徳性の発達指標に基づいている。鈴木らは、セルマンの社会的視点取得理論[1)]に基づいて行った研究により、子どもたちの道徳的思考の発達を以下のように整理した[2)]。

カテゴリー	子どもの思考の特徴	社会的視点取得理論
【カテゴリー1】自己中心思考	・他者の思考や感情が自分と異なることに気づく。	段階1：分化と主観的な役割取得
【カテゴリー2】他者思考	・他者の視点に立ち、その視点から自分の考えや感情を考えることができる。	段階2：自己内省的／二人称と二者相互の役割取得
【カテゴリー3】自他相互思考	・自己と他者の考えを関係づけることができる。	
【カテゴリー4】三者的思考	・自己と他者の考えを客観的に見ることができ、第三者の視点から自己と他者の思考を調整することができる。	段階3：三人称と相互的役割取得
【カテゴリー5】社会的思考	・自己の視点を集団全体や社会全体を見る視点と関係づけることができる。	段階4：広範囲の慣習的——象徴的役割取得

自己中心思考は、物事を自分中心に見る思考である。自分と相手の考えが違うことはわかるが、相手の立場に立って考えることはできない。こうした道徳的思考は、小学校低学年の子ど

もに多い。
他者思考は、相手の立場に立って考える思考である。自分と相手の考えが違うことがわかり、しかも相手の立場に立って考えることができる。こうした道徳的思考は、小学校中学年の子どもに多い。
自他相互思考は、自他相互の考えの違いを調整しようとする思考である。自分にとっても相手にとっても良い考えは何かについて考えることができる。鈴木ら（2009）によれば、自他相互思考は日本の小学校高学年から中学生に特徴的に見られる思考である。
三者的思考は、価値基準で判断する思考である。自他の考えが異なるとき、調整の視点として価値観を示し、それに基づいて判断し行動しようとする思考である。こうした思考は自他相互思考が始まる小学校高学年ごろから見られ、中学２年生ごろから顕著に見られるようになる。
社会的思考は、第三者的思考によって獲得した価値観を、自分が所属する集団や社会の価値観と照らし合わせて調整していく思考である。中学生以降に見られる道徳的思考である。

では道徳的思考の発達に沿えば価値観は育つのかというと、そうではないということは、実社会を見れば明らかであろう。自然的な発達だけではない、何かが価値観の育成に影響しているのである。初等教育の父であるペスタロッチーは、家庭の中での母と子の関係の中に道徳性の根幹があると指摘した。母と子の関係の中で育まれる道徳性の芽として、ペスタロッチーは、愛情、信頼、感謝、従順をあげている[3)]。

鈴木ら（2013）は、価値のイメージなどについて、小学生、中学生および大人を対象とした調査を行った[4)]。この調査から、全体において多く選ばれた価値として、上位から、生命尊重、平和、思いやり、努力、幸福、友情、愛、責任、家族愛、分別、自由、忍耐力、信頼の13個があげられた。とくに、生命尊重、平和、思いやりは、各年代において上位にあげられていた。これらの価値の獲得において、小学生も中学生も親からの影響が大きいことが示唆されている。

子どもたちは、親からの影響を受けながら学校で価値について学び、自分の価値観を作り上げていくのだろう。そのために学校で何ができるか、家庭の役割は何か、考えていくべき課題であろう。

（鈴木　由美子）

1）荒木紀幸「役割取得理論――セルマン」日本道徳性心理学研究会編著『道徳性心理学　道徳教育のための心理学』北大路書房、1992年、173-190ページ、参照。

2）『子どもの対人関係認識の発達に即した道徳的判断力育成プログラムの開発』（平成18-20年度科研費研究成果報告書　研究課題番号18530712　研究代表者　鈴木由美子）2009年、参照。

3）ペスタロッチー著長田新訳「ゲルトルートはいかにしてその子を教うるか」（平凡社『ペスタロッチー全集　第８巻』1960年）204－214ページ参照。

4）Yumiko Suzuki, Atsuko Morikawa, Miho Nagase, Kyoko Mukugi and Yasutaka Imanaga, Research on Values as Important Components of Peace Education, handout of World Council for Curriculum and Instruction 15th World Conference in Education, December 28, 2012 - January 3, 2013, Taipei.　本研究は科研（22531024）の一部である。

第２章　小学校低学年の道徳授業

【解説】

小学校低学年の児童は、家庭や幼稚園・保育所などでさまざまな体験をして小学校に入学してきます。小学校低学年では、小学校の生活規律や学習規律をしっかりと習慣づけることが大切です。朝の挨拶をする、靴箱にきちんと靴をしまう、学校に来たらランドセルから本を出してしまうなど、基本的な生活規律をしっかりと教えましょう。また、授業のときは、はいと返事をして立つ、姿勢を正しくする、友だちの意見は黙って聞くなどの学習規律をしっかりつけましょう。何度も何度も繰り返して、あきらめることなく子どもを励まし、できたことをほめて育てていきましょう。家庭のしつけがどうであれ、学校に来た児童を、学校の児童として育てることが教師の仕事です。

このころの児童はまだ自己中心的な思考をします。自分を中心にして物をみるということです。その人が自分のおじいさんだということはわかるが、その人にとって自分が孫だということはわからない。そのような思考です。大人からみると、わがまま、自分勝手にみえるこの時期に、何がよいことか、何が悪いことか、しっかり教えることが大切です。頭で知るだけでなく心で感じて、よいことをしたら気持ちがすっきりする、うれしい気持ちになる。悪いことをすると心がもやもやしたり、ちくちくしたりする。こうした良心の芽をはぐくむのが、小学校低学年の道徳授業であり、道徳教育だといえましょう。

第1節の心情タイプの道徳授業は、友だちのことを大切にするとはどういうことか、しっかり考え感じさせて、自分もそういう友だちになりたいなと意欲づけをする内容です。ポンタは、優しくするのがよいことだと思い、チョロリンの逆上がりを手伝います。でもチョロリンは自分の力でやりたかったのです。ポンタは自分のことしか考えていなかった。チョロリンも自分のことしか考えていなかった。このままだと仲違いをしてしまいます。相手の気持ちを考えること、相手の優しさに気づくこと、そうして自分の思いをお互いに話しわかり合うこと、それがよいことだと学ぶのです。低学年の児童の日常には、いさかいはたくさんあります。そんな折り、ポンタやチョロリンの気持ちを思いだしてみよう。どうしたらいいかな、と問いかけて、自分の思いを話し、お互いにわかり合おうとすることのよさに気づかせることができるでしょう。

第2節の、心情ジレンマタイプの道徳授業は、児童同士のいさかいや悩みを取り上げて、よりよい考え方や行動について考えさせるものです。えりさんは仲良しの友だちといつもふたりで遊んでいます。でもその子以外とも一緒に遊びたいと思っています。いつも遊んでいる友だちとも仲良くしたい。その子をひとりぼっちにしたくない、でも他の人とも遊びたい。低学年だけでなく、高学年や中学生でも体験するようなジレンマでしょう。学年によって、個人によって、悩みや葛藤の深さに違いはあるでしょうが、児童生徒がよく直面する葛藤場面のひとつです。

この教材では、他の友だちと遊んでも仲違いすることはないんだよ。いろいろな人と遊び仲間を増やすことがよいことなんだよ。ひとりぼっちになると思わないで、一緒に遊べるように工夫しようよ、といろいろなことに気づかせるものです。たった一人の友だちと仲良くするだけでなく、たくさんの友だちと仲良くすればいいんだと、もうひとつの考え方に気づくことを促す教材です。

第３節は、プログラムタイプの道徳授業です。実際に小学校で行われた実践を取り上げています。１ページ目に全体のプログラムの構造図をあげています。２ページ目からは、その中の道徳授業を取り上げて、他教科や体験活動と関連づけた道徳授業の方法を示しています。１ページ目の構造図を説明します。一番左側の列にはプログラムを通して開かれていく子どもの意識が示されています。意識の事前把握には、道徳授業前の子どもの意識が示されています。このプログラムでは、生活科や学級活動で事前把握がなされています。道徳の時間のところには、道徳授業でのねらいが示されています。見取りの活動には、道徳授業で養われた道徳的心情や価値観が実践される活動を行い、そこで実践化が促されることが示されています。このプログラム全体を通して、働くことのよさを子どもたちが感じ取るように構成されています。ひとつひとつの教科や活動を、それ自体ねらいをもったものとして実施するだけでなく、道徳学習プログラムの一部でもあることを教師が意識することで、子どもを全体的にとらえ育むことができます。

道徳授業のうち、「もりのゆうびんやさん」の学習指導案を掲載しています。「もりのゆうびんやさん」のお話と、東日本大震災直後に実際に物資を運んだ運送会社の人びととを重ね合わせることにより、自分たちにも何かできることはないか、自分ができることをやろうとする実践意欲や態度に結びつきやすくなります。

このように小学校低学年のもつ自己中心的な特徴を生かして、児童一人ひとりの思いや体験を十分に出させ、良心の芽を育むことがこの期の道徳授業において大切なことです。

第1節　心情タイプの道徳授業の展開

1．学習指導案と授業展開

（1）対象学年　小学2年

（2）資料名　チョロリンのきもち（大下あすか作）

（3）内容項目　ほんとうのやさしさって　2－（3）信頼・友情

（4）主題観

友だちは、家族以外で特にかかわりを深くもつ存在であり、豊かに生きるための大切な存在として、成長とともにその影響力も大きくなっていく。よい友だち関係を築くためには、互いを認め合い、学習や生活の様々な場面を通して理解し合い、協力し、助け合い、信頼感や友情を育んでいくことが大切である。

しかし、友だちの立場を理解したり自分と異なる考えを受け入れたりすることは難しいことも多い。そこで、学級で毎日の生活を共にしながら仲良く遊んだり、困っている友だちのことを心配し助け合ったりする経験を積み重ね、友だちのよさをより強く実感できるようにすることが大切である。

（5）児童観

この時期の児童は、自己中心性がまだ残っているために、相手の気持ちまで深く考えられず、ささいなことでトラブルになってしまうことがある。友だちに言われた一言で嫌な思いをしたにもかかわらず、他の友だちに同じようなことを言ってしまってもそのことには気付いていない。また、嫌なことがあってもうまく断れず、無視してしまったり、相手の言いなりになってしまったりすることもある。

その一方で、自分よりも弱い立場の人や困っている人を助けやさしくしてあげようという気持ちも強くもっている。しかし、そのやさしさも自己中心的で相手の気持ちを考えない親切の押しつけになってしまっていることも多い。人それぞれ思いや考えをもっており、それらを尊重してかかわり合うことの大切さに気づかせ、温かい人間関係を築いていく素地を低学年から育てていくことが大切だと考える。

（6）指導観

本資料は、鉄棒の練習をしているチョロリンを手伝ってあげたポンタが、自分の力でがんばりたかったチョロリンを怒らせてしまうという話である。

手伝ってあげようと思うポンタの気持ちも、やさしさの表れととらえることができる。しかし、相手ができないことを代わりにしてあげることが常にやさしいことだとは限らない。また、自分は「よいことだ」と思っていても、相手は違う思いを持っていることもある。そこで、児童がチョロリンの気持ちに気付きやすいように、チョロリンの表情の変化を紙芝居で表すように工夫した。

（7）本時のねらい

相手の気持ちを考えて、友だちと協力したり助け合ったりしようとする態度を養う。

（8）授業評価のための基準

（○は気付かせたい考え、◎はできれば気付かせたい考え）

【児童の今の考え】

・友だちが何かできなくて困っているときには、すぐに手伝ってあげるのはよいことだ。
・友だちを手伝ってあげたり助けてあげたりすることは、どんなときでも相手のためになる。

⇒

【気付かせたい考え】

○友だちの気持ちを考えて、手伝ってあげよう。
○自分でがんばろうという気持ちを応援してあげよう。
◎自分がうれしいことでも、相手はうれしくないこともある。相手の気持ちを考えよう。

（9）学習過程

段階	学習活動	主な発問と児童の心の動き	支援（◎）と評価（★）
導入	1　友だちにしてもらってうれしかった経験を発表し合う。	○　友だちにしてもらって、うれしかったことはありますか。 ・ころんだとき、「だいじょうぶ」って言ってくれた。 ・消しゴムを落としたとき、ひろってくれた。 ・ドッジボールをしたとき、ボールをゆずってくれた。	◎日常の学級活動で取り組んでいることを想起させてもよい。（例：ありがとうカード、よいところみつけ、など） ◎お面を見せながら、今日はたぬきのポンタとねずみのチョロリンの気持ちを考えることをおさえる。
展開	2　紙芝居前半の読み聞かせを聞き、話し合う。	○ミミやコンはどんな気持ちになったかな。 ・うれしい。 ・ありがとう ・できてよかった（板書①） ○ポンタはどんな気持ちかな。 ・手伝ってよかった。 ・うれしい。（板書②）	◎登場人物が多いので、ミミ、コン、ポンタの気持ちをまずおさえておく。 ◎ポンタに関しても同じように問いかける。
	○　チョロリンが走っていった時のポンタの気持ちを考える。	○チョロリンが走っていったとき、ポンタはどんなことを思ったのでしょう。（板書③） ・どうしてチョロリンは走って逃げたのかな。 ・どうしてチョロリンは怒ったのかな。 ・いいことをしたと思ったのに……。	◎紙芝居の場面絵を黒板に貼り、ポンタの表情にも注目させる。 チョロリンの気持ちを考えにくい時には、紙芝居の場面絵を提示し、チョロリンの表情に着目させるようにする。
	○　チョロリンが怒って走っていったわけを考える。	○走っていったチョロリンは、どんなことを考えていたのでしょう。（板書④） ・もう少しで逆上がりができそうだったのに……。 ・自分でがんばっていたのに、じゃまされたくないよ。 ・ぼくの気持ちも聞かずに、いきなり持ち上げるなんていやだな。	

展開	○　ポンタになってチョロリンにどのように声をかけるか考える。	○ポンタになって、チョロリンに声をかけてみよう。（板書⑤） ・チョロリン、手伝ってあげようか。 ・チョロリン、いっしょに練習しよう。 ・がんばって。もうちょっとだよ。（板書⑥）	◎ワークシートを活用し、自分の考えをもたせる。 ◎隣同士でチョロリンとポンタを交代しながらペアトークをする。
	○　教師と児童で役割演技を行う。	ポンタの言葉を考えやすいように、チョロリンのせりふを黒板に貼る。	◎なぜそのように言ったのか、理由をたずねる。また、役割演技を見ている人にも気付いたことを発表させる。 ★相手の気持ちを考えて言葉をかけようとしているか。 （ワークシート、発言）
終末	３　自分の生活を振り返る。	○チョロリンのように自分でやろうとしているときに、声をかけてくれた友だちはいますか。	◎児童の日記や作文、学級での取組（ありがとうカード、よいところみつけなど）があれば紹介する。

（10）資料

チョロリンのきもち　（作・絵　大下あすか）

① キーンコーンカーンコーン。
大休憩の時間です。
たぬきのポンタは、鉄棒で遊ぼうと思って、
運動場へ出て行きました。

すると、鉄棒のところに、うさぎのミミがいました。
ミミは、なんだか困った顔をしています。
ポンタは、ミミに声をかけました。
「ミミちゃん、どうしたの。」
「うーん、逆上がりができなくて、練習しているの。」
「そっかあ……。ぼく、鉄棒が得意なんだ！それじゃあ、
ぼくが手伝ってあげるよ。」

② よいしょ、よいしょ。ポンタは、ミミの背中を
ちょっとおしてあげました。
くるりん。
「できた！できた！よかったね、ミミちゃん。」

③ 「やったあ！できた！ポンタくん、ありがとう。」
ミミのにこにこ笑顔を見て、ポンタもいい気持ち
になりました。

④ 次の日の大休憩。
ポンタはまた鉄棒で遊ぼうとしました。
すると、キツネのコンが鉄棒のところにいました。
「コンくん、どうしたの。」
「逆上がりができなくって……、
練習してるんだよ。」
「そうなんだ。よーし、ぼくが手伝ってやるよ！」

⑤ ポンタはコンの背中をちょっとおしてあげました。
くるりん。
「できた！できた！やったね、コンくん。」

⑥ 「やったあ！できた！ポンタくん、ありがとう。」
ポンタは、またまたいい気持ちになりました。

⑦ それからしばらくして、ポンタは、いつものように鉄棒で遊ぼうとしました。
すると、鉄棒のところに、ねずみのチョロリンがいました。
「チョロリン、どうしたの。」
「うーん……ぼく、逆上がりができないから、
練習してるんだ。もうちょっとでできそうなんだよ。」
ポンタは、いいことを思いつきました。
「なんだ、チョロリン、そんなことか。ぼくにまかしとけよ。」

⑧　ポンタはそう言って、チョロリンをひょいと持ち上げると、ぐるりんと回してあげました。
「ほら、できたじゃないか。よかったね、チョロリン。」

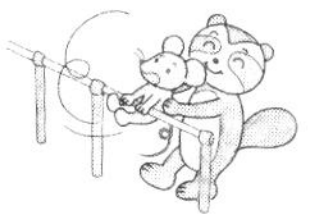

⑨　しかし、チョロリンは下を向いたままです。
「どうしたんだい、チョロリン。できたじゃないか。」

チョロリンは、顔を上げると……、
怒った顔をして言いました。
「ひどいよ、ポンタくん、もう、知らない！」

⑩　チョロリンは、走って行ってしまいました。

「チョロリン、待ってよ、どうしたんだよ……。」
ポンタはびっくりしてしまいました。

【ワークシート】

どうとく
チョロリンのきもち
月　日（　）名まえ（　　）
☆　ポンタになって、チョロリンにことばをかけてみよう。
さか上がりのれんしゅうをしているんだ。もうすこしで　できそうなんだ。

（11）板書計画

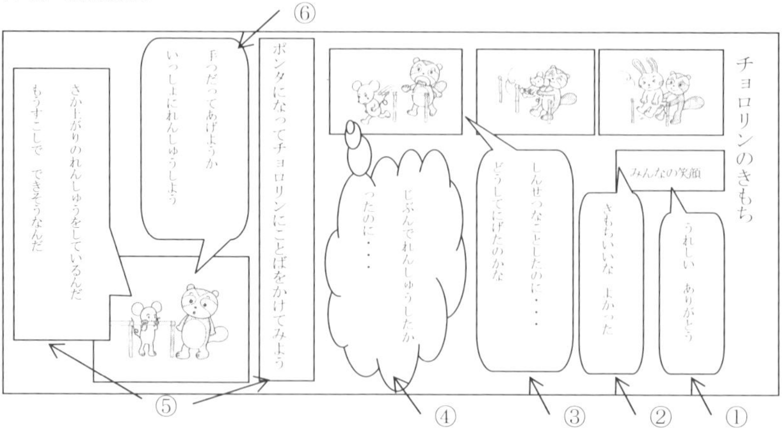

チョロリンのきもち
みんなの笑顔
うれしい　ありがとう
きもちいいな　よかった
しんせつなことしたのに・・・
どうしてにげたのかな
じぶんでれんしゅうしたかったのに・・・
ポンタになってチョロリンにことばをかけてみよう
手つだってあげようか
いっしょにれんしゅうしよう
さか上がりのれんしゅうをしているんだ
もうすこしで　できそうなんだ
①
②
③
④
⑤
⑥

（12）授業の実際

紙芝居の読み聞かせ

自分の考えを伝える

ペアトーク

役割演技

【活動の流れ（展開部分）】

［基本発問１］
チョロリンが走っていったとき、ポンタはどんなことを思っていたのでしょう。

［児童の反応］
・どうしてチョロリンは走っていったのかな。
・どうしてチョロリンは怒ってしまったのかな。
・いいことをしたと思ったのに……。
・せっかくさかあがりができたのに、うれしくないのかな。

ポンタ、チョロリンの表情にも着目させる。

［基本発問２］
走っていったチョロリンは、どんなことを思っていたのでしょう。

［児童の反応］
・いやだ。
・もう少しで逆上がりができそうだったのに……。
・自分の力で最後までやりたかったのに……。
・いきなり持ち上げられてこわかったよ。

【短い言葉で答えた場合】
どうしてそう思ったの？
何がいやだったの？

自分の力でやりとげたいと思っているチョロリンの気持ちに共感している。

【補助発問】
ポンタのしたことはよくないことだったのかな。

［児童の反応］
・手伝ってあげたことはよかったんだけど……。
・いきなりやったのがよくなかった。
・チョロリンの気持ちを聞いてあげればよかった。

【補助発問】
ポンタはどうしたらよかったのだろう。考えてみよう。
【状況説明】
さて次の日、ポンタは鉄棒のところで、またチョロリンに会いました。
「チョロリン、どうしたの。」
「ぼく、逆上がりの練習をしているんだ。もうちょっとでできそうなんだよ。」

［中心発問］
ポンタになって、チョロリンに声をかけてみよう。

相手の気持ちを考えて言葉をかけたり行動したりしようとしている。

［児童の反応］
・きのうはごめんね。
・チョロリンがそんな気持ちだって知らなかったんだ。
・今度からチョロリンの気持ちを考えるよ。
・次はやさしくやってあげるよ。
・ぼくが教えてあげるよ。
・チョロリン、がんばって。もう少しならきっとできるよ。
・ぼくが見ていてあげるから、やってごらん。
・今度からは、手伝ってほしいか聞いてみるね。
・一人でできる？手伝ってあげようか。それとも手伝わなくていいの？

相手がどう思っているのかたずねてみようとしている。

（13）留意点

①効果的な資料提示

同じ言動でも相手の気持ちによって、とらえられ方が違うということを児童が理解しやすいように、前半と後半で区切って資料を提示する。両方を比べたり関連させたりする発問を加え、チョロリンの気持ちに迫るようにする。また、チョロリンの表情に注目させ、どんな気持ちなのか想像することができるように、紙芝居のめくり方や読み聞かせ方を工夫すると効果的である。

②積極的な対話の手立て

チョロリンが泣いて走り去って行った場面では、ポンタの気持ちとチョロリンの気持ちの両方を出させ、お互いの思いがずれてしまっていることをとらえられるように発言を対比させて板書するようにする。

ワークシートに記入した後、隣同士でペアトークをする。その際、チョロリンの気持ちになって話したり、ポンタの気持ちになって話したりすることによって、チョロリンとポンタという両者の立場を体験することができる。

③ねらいに迫る手立て

チョロリンに対してどのようにかかわればよいのか考える場面では、役割演技を取り入れ、価値の内面化につなげるようにする。また、自分の生活を振り返る場面では、お話の世界から日常へと切り替えつつも、児童の意識が途切れてしまわないように、お話の登場人物を活用したり日常の取り組みを想起させたりしながら振り返ることができるよう留意する。

２．うまくいかないときの対処法

【ワークシートに書くことが難しい場合】

低学年の場合、思いはあってもどのように書いてよいか分からない児童も多い。また、短い言葉で書き表している場合は、どのような思いがこめられているのか、書いてある文章だけでは十分に伝わらないことも多い。

児童と話しながら思いを引き出したり、「どうしてそう思ったの」、「この続きを教えて」など、理由をたずねたりしながら児童の思いを把握しておく必要がある。さらに、把握しておいた内容を類型化し、意図的に役割演技や発表で指名することも大切である。

また、役割演技の中で、切り返しや揺さぶりをしながら、ワークシートには書ききれなかった思いを引き出していくことも可能である。

【紙芝居を扱う場合】

紙芝居のよさは、場面展開が分かりやすく児童が話の内容を理解しやすいことである。また、場面絵を繰り返し使用したり、板書に活用したりすることもできる。

本資料は登場人物が多いので、途中で話を止め、児童とやりとりしながら進めていくと状況を把握させやすい。また、今日は誰に共感しながら話を聞き、考えていけばよいのかをあらかじめ知らせておくとよい。

低学年の児童にとって、視覚に訴える資料は効果的である。場面絵に描かれている登場人物の表情にも着目させることが大切である。

３．発展的な取り扱い

本資料を「１－２（勤勉努力）」で扱う際には、前掲の「(10) 学習過程」を修正して以下のような流れで構成することも考えられる。⑤以降の発問と反応等を記す。

段階	学習活動	主な発問と児童の心の動き	支援（◎）と評価（★）
展開	○　チョロリンが怒って走っていったわけを考える	○走っていったチョロリンは、どんなことを考えていたのでしょう。 ・もう少しで逆上がりができそうだったのに……。 ・自分でがんばっていたのに、じゃまされたくないよ。 ・自分の力で逆上がりができるようになりたいよ。	◎チョロリンの気持ちをワークシートに書かせ、「自分でやりとげたい」という気持ちを出させる。
	○　チョロリンになって、ポンタに気持ちを伝える。 ○　教師と児童で役割演技を行う。	○チョロリンになって、ポンタに気持ちを伝えよう。 ・急に持ち上げられていやだったよ。手伝ってほしい時には自分でお願いするよ。 ・もう少しでできそうだったから、できるまで練習したいよ。 ・自分でできるまであきらめたくない。	◎隣同士でペアトークをする。 ◎児童がチョロリン、教師がポンタになって役割演技を進める。 ★自分で最後までやりとげようという気持ちを表しているか。 （ワークシート、発言）
終末	3　自分の生活を振り返る。	○チョロリンのように、自分でできるまでがんばろうとしたことはありますか。	◎児童の日記や作文、学級での取組（がんばりカード　など）があれば紹介する。

お勧めの資料

資料名	内容項目	出典	出版社等
さるへいと立てふだ	１－（４）	どうとく２　みんなたのしく	東京書籍
はしのうえのおおかみ	２－（２）	どうとく１　みんなななかよく	東京書籍
		どうとく１ねん　きみがいちばんひかるとき	光村図書
		しょうがく　どうとく　こころつないで１	教育出版
二わのことり	２－（３）	どうとく１　みんなななかよく	東京書籍
森のともだち	２－（３）	どうとく２　みんなたのしく	東京書籍
ゆっきとやっち	２－（３）	道徳教育推進指導資料（指導の手引）２ 小学校　読み物資料とその活用――「主として他の人とのかかわりに関すること」――	文部科学省
きいろいベンチ	４－（１）	どうとく２　みんなたのしく	東京書籍
		どうとく２年　きみがいちばんひかるとき	光村出版

第２節　心情ジレンマタイプの道徳授業の展開

１．学習指導案と授業展開

（１）　対象学年　小学１～２年

（２）　資料名　　どっちにすればいいの？（森川敦子作）

（３）　内容項目　友だちを増やそう　２－（３）信頼・友情

（４）　主題観

学齢期の児童にとって、積極的に交友関係を広げながら、よりよい人間関係を築いてくことはとても大切なことである。特に、低学年の時期は他者意識が徐々に明確になり、これまでの狭い交友関係からより広い交友関係へと広がりを求めていく時期である。この時期を経て、集団で遊んだり行動したりするいわゆる「ギャングエイジ」を迎え、さらに思春期以降は、気の合う友人との充実した関係を求める時期へと発達していく。

したがって、小学校低学年の児童には、決まった狭い交友関係だけでなく、ルールや約束ごとを守りながら、多くの人とかかわる楽しさや大切さを実感させることが、より幅広い豊かな交友関係や社会性を構築していくために必要であると考える。

(5) 児童観

入学後数ヶ月経つと児童は学校生活にも慣れ、交友関係も徐々に広がってくる。男女関わりなくなかよく遊んだり学習したりできる児童も多いが、２～３名程度の決まった友だちとしか遊ぼうとしない等、これまでの固定的な交友関係を広げようとしない児童もいる。その結果、同じ友だちと同じようなトラブルを繰り返し、悩んでいる児童もいる。

また、仲のよい友だちの目を気にするあまり、新たな友だちをつくることに消極的になっている児童や友だち同士のトラブルを避けるために、はじめから少人数で活動したがる児童もいる。

(6) 指導観

本資料は、主人公のえりが、仲良しのまさみの願い通り、２人の友だち関係を大切にしていくべきか、それともまさみとだけでなく、たくさんの友だちと遊んで、交友関係を広げていくべきかという思いの間で葛藤する話である。

授業では、児童が資料の内容を理解しやすいように、教師が場面絵等を板書しながら、語り聞かせて提示する。そして、えりが葛藤する場面では資料の提示を一旦止め、えりの置かれた状況をしっかりと確認した後で、とるべき行動を考えさせることができるようにする。また、自分の思いを発表しやすいよう予め自分の考えや判断理由をワークシートに書かせるようにする。役割演技では、子ども相互あるいは子ども対教師での役割演技を行い、えりがとるべき行動とその理由をしっかりと表現させるようにする。その後、役割演技を見ている児童からの賛成意見や反対意見も発表させ、よりよい友だち関係について考えを深めていくようにする。

（7）　本時のねらい

決まった友だちと遊ぶだけでなく、多くの友だちと遊ぶことの楽しさや大切さに気づき、積極的に交友関係を広げていこうとする気持ちを育てる。

（8）授業評価のための基準

（○は気付かせたい考え、◎はできれば気付かせたい考え）

【児童の今の考え】

・仲良しの友達がいるから新しい友達は作らなくてもよい。
・仲良しの友達が嫌がるから他の人と遊ぶのはよくない。
・仲良しの友達の頼みは絶対に断ってはいけない。

→

【気付かせたい考え】

○同じ友達とばかりでなくいろいろな人と遊ぶのはよいこと。
○他の人と遊んだからといって友達でなくなることはない。
◎たくさんの友達と一緒に遊ぶことはまさみさんのためにもなる。

（9）学習過程

段階	学習活動	主な発問と児童の心の動き	支援（◎）と評価（★）
導入	1．日頃の友達関係について振り返る。	○みなさんは、何人くらいで、何をして遊ぶことが多いですか？友だちになりたい人は何人くらいいますか？ ・２人でよくお絵かきをしている。 ・５人位でよく鬼ごっこをしている。 ・１人でいることが多い。等	◎意見が出にくいと予想される場合には、事前にアンケートをとっておき、その結果を発表するとよい。 ◎普段、児童が遊んでいる様子の写真を提示し、遊びのイメージをもたせるのもよい。
展開前段	2．資料の前段を聞き、えりの葛藤を理解する。	○ゆう子さんにドッジボールに誘われた時、えりさんはどんな気持ちだったでしょう？ ・初めて誘われてうれしいな。 ・ゆう子さんと友だちになれるかな。	◎資料の内容を理解しやすいよう、資料は教師の語りとイラスト提示によって進める。（板書①）

展開前段		・たくさんの友だちのドッジボールは楽しそうだな。 ○まさみさんに２人だけで遊びたいと言われた時、えりさんはどんな気持ちだったでしょう？ ・ゆう子さんと遊びたいけれど、まさみさんが悲しむかな。 ・まさみさんが怒るかな。 ・まさみさんとは仲良しだから、やっぱり一緒に遊ぼうかな。	★えりの葛藤状況を理解できているか。 （発言内容・児童の様子）
	3．えりのとるべき行動とその理由を役割演技や意見交流等で発表する。	○えりさんは、ゆう子さんたちと遊ぶべきですか？それともこれまで通りまさみさんと２人で遊ぶべきですか？また、それはなぜですか？ ＜ゆう子さんたちと遊ぶべき＞ ・外遊びはよいことだから。 ・新しい友だちが増えるから。 ・多くの人と遊ぶと楽しいから。 ＜まさみさんと遊ぶべき＞ ・まさみさんが怒るから。 ・まさみさんがかわいそうだから。 ・大切な友だちだから。　など	◎児童が考えを深められるよう、ワークシートに書かせ、ペアで発表させた後に、全体の場で2組程度、役割演技をさせる。 ◎机間指導を行い、判断傾向の把握やワークシートに書きにくい児童への助言を行う。 ◎役割演技は、児童と教師、あるいは児童同士で２つの立場に分かれて行い、えりのとるべき行動や理由についての考えを発表させる。 ◎両方の立場の意見を整理して板書する。（板書②、板書③）

役割演技に際しては、児童がその場面のイメージをしっかりともてるよう、役割演技をする場面の状況を説明してから演技させるようにする。また、隣の席の児童とペアで演技をさせてから、全体の場で発表させるようにする。

展開後段	4．意見交流をふまえ、えりのとるべき行為とその理由をワークシートに書き、発表する。	○友だちの意見を参考にして、もう一度考えてみましょう。えりさんは、ゆう子さんたちと遊ぶべきですか？それともこれまで通りまさみさんと２人で遊ぶべきですか？また、それはなぜですか？	◎机間指導を行い、書きにくい児童への助言を行う。 ◎それぞれの立場の考えを発表させる。 ★自分の考えを表現できているか。（記述内容、発表の様子）

展開後段	５．資料の後段を聞く。		◎資料を教師が読み、要点を板書する。（板書④）
終　末	６．今日の学習を振り返る。	○今日の学習をして、友だちについて思ったことや考えたことを発表しましょう。 ・二人とも友だちが増えてよかった。 ・多くの友だちと遊ぶことはえりさんにもまさみさんにもよいことだ。 ・友だちっていいな。 ・自分もたくさん友だちを作ろう。	★友だちの大切さに気付き、友だちをつくっていこうとする気持ちをもてているか。（発表内容）

（10）資料

どっちにすればいいの？　（森川敦子作）

<資料前段>

えりとまさみは２年生。１年生の時からの友だちで大のなかよしです。２年生になっても２人は同じクラスになり、えりもまさみもとても喜びました。えりとまさみは家が近くなので、学校に行くのも帰るのも一緒です。学校でも家に帰ってからもよく２人で遊びました。

えりは外遊びが大好きな子です。特に、たくさんの友だちと鬼ごっこをしたり、ドッジボールをしたりするのが大好きでした。まさみはおとなしい女の子で、教室や家の中で絵を描いたりゲームをしたりするのが好きでした。まさみが外遊びがあまり好きではないので、２人が遊ぶときには、部屋で絵を描いたりゲームをしたりして遊ぶことが多いのでした。おとなしいまさみと２人でいると、えりはとても気が楽でした。けれども、どきどき多くの友だちと一緒に、外で鬼ごっこをしたりドッジボールをしたりして遊びたくなることもありました。

そんなある日、えりは隣のクラスのゆう子から、「今日、公園でドッジボールをするんだけれど、えりちゃんも一緒に遊ぼうよ。みんなで　待っているから、公園に来てね」とドッジボールに誘われました。ゆう子とはこれまで一緒に遊んだことはなかったのですが、いつもたくさんの友だちと外で元気に遊ぶゆう子を見て、ゆう子たちとも遊んでみたいと思っていたのでした。えりはさっそくまさみに、ゆう子に遊びに誘われたことを話しました。そして、「まさみちゃんも一緒に公園に行こうよ」と誘いました。

しかし、まさみはとても悲しそうな顔をして、「わたしはえりちゃんといつものように２人だけで遊びたいな。たくさんの人とあそぶよ

り２人だけの方が気が楽だよ。えりちゃんはわたしと遊ぶのが嫌になったの。えりちゃんが他の人と遊んだら、わたしはひとりぼっちになっちゃうよ。お願いだから、これからも私と２人で遊んで」と言いました。

えりは、まさみの気持ちも大切にしてあげたいと思いました。

でも、たくさんの友だちとも遊んでみたい気持ちもありました。

えりは、まさみと２人で遊ぶか、ゆう子たちと一緒に遊ぶか、どちらにするべきか迷ってしまいました。

＜資料後段＞

えりはしばらく考えていましたが、「まさみちゃん。わたしやっぱり、ゆう子ちゃんたちと一緒に公園で遊ぶ。まさみちゃんのことは大好きだし、２人で遊ぶと気が楽で楽しいよ。でも、やっぱりたくさんのお友だちと遊ぶ方がいいと思うもの。公園で待ってるから、まさみちゃんにも公園に来てほしいな。きっと楽しいと思うよ」と言いました。

その日の放課後、公園には、ゆう子たちと楽しそうにドッジボールをするえりとまさみの姿がありました。最初は、少しとまどっていたまさみも、えりやゆう子たちに誘われて一緒にドッジボールを楽しみました。それからというもの、えりとまさみは２人だけではなく、たくさんの友だちを誘って一緒に遊ぶのが大好きになりました。

（11）板書計画

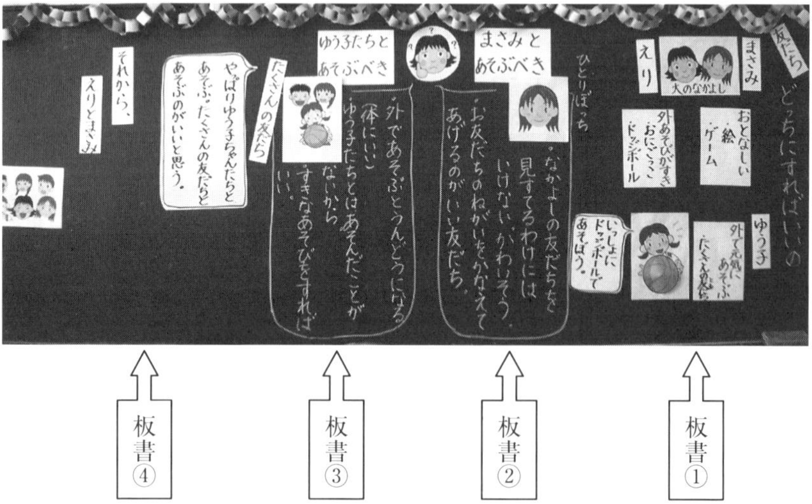

（12）　授業の実際

教師の語りによる資料提示

児童同士の役割演技

【授業記録】（一部抜粋）

＜役割演技（１組目）＞

Ｃ１：まさみちゃんと遊ぶべきだよ。どうしてかというとまさみちゃんと遊ばなかったら、まさみちゃんがひとりぼっちになってしまうからだよ。

Ｃ２：いいや。ゆう子と遊ぶべきだよ。だって、外で遊びたいし、みんなと遊びたいからだよ。だから、ゆう子と遊ぶ方がいいよ。

Ｃ１：でも、えりはまさみが大好きで、まさみと遊ばなかったらひとりぼっちになってしまってさみしいよ。それでもいいの。

Ｃ２：でも、えりは本当は外で遊びたいんだから、ゆう子さんとたくさんの友だちと遊んだ方がいいよ。

＜役割演技（２組目）＞

Ｃ３：まさみと遊ぶべきだよ。ゆう子と遊ばなくっても、ゆう子はたくさんの友だちがいるからいいけれど、まさみはひとりぼっちになるからだよ。

Ｃ４：ゆう子さんと遊ぶべきだよ。２人だと楽しくないし、ゆう子さんと遊ぶと友だちも増えるからだよ。

Ｃ３：でもね、つまらなくはないよ。家で遊ぶのも。

Ｃ４：でも、ドッジボールとかもしたいんだし、ゲームばかりだったら、いつもだからつまらなくなるよ。

Ｃ３：その気持ちも分かるけれど、まさみさんの気持ちも分かってあげてよ。

＜役割演技後の討論＞

Ｔ　：反対や賛成意見はありませんか。

C５：ゆう子さんと遊んだ方がいいです。わけは、まさみさんとはいっぱい遊んでいるけれど、ゆう子さんとは１回も遊んでいないから。「またね」と断っていいからです。

C６：いつもまさみさんと遊んでいるから、今日はゆう子さんと遊んだ方がいいと思います。

C７：私はまさみさんと遊ぶべきだと思います。まさみさんと遊ばなかったら、ひとりぼっちになってしまうし、まさみさんはおとなしい性格で２人でゲームとかするのが好きだから。たくさんで遊んだら、嫌なこととかもあるし。たくさんの友だちだったら１人減ってもまだ友だちがいっぱいいるから、まさみさんと遊ぶべきです。

T　：たくさんで遊ぶと嫌なことって、例えばどんなこと。

C８：ドッジボールで自分は当たってないのにみんなが「当たった」とか言うことです。

T　：なるほど。たくさんだともめ事が起こるってことね。

C９：反対です。ゆう子さんたちと遊ぶべきです。どうしてかというとたくさんの人と友だちになれるし、いろんな人たちといっぱい友だちになる方がいいからです。

C10：賛成です。友だちがたくさんいるとだれか１人の人が用事で遊べない時でも他の友だちと遊べたりするからです。

C11：でも、えりさんとまさみさんは、大のなかよしで、まさみさんと遊ばなかったらひとりぼっちになるし、大切な友だちも失うかもしれないからです。

T　：迷うね。さっきからまさみちゃんのことを考えてあげてという意見がたくさん出ているけれど、まさみちゃんにとってはどう、ずっとえりちゃんと遊ぶのがいいのかな。

C12：２人だけだとずっと友だちもできないからえりちゃんも他の人と遊んだ方がいい。

C13：お母さんが言っていたけれど、大人になったら、学校の時の友だちともよく遊ぶから、２人だけだと２人しか友達ができないから、まさみちゃんもえりちゃんも他の友だちともよく遊んで、大人になってもよく遊べるように、お友だちをいっぱい増やしたらいい。

【児童の感想】ワークシートの記述より

> ○　ゆう子さんたちと遊ぶべきです。おとなになった時、まさみとえりだけだったらさみしいから小学校のうちからたくさんの友だちを作って、楽しくしょくじに行ったりお家にあそびに行ったりしたらさみしくないからだよ。
>
> ○　まさみさんと遊ぶべきです。それでもいやなら、いっそのことゆう子さんとたくさんの人と絵をかけばいいと思います。かんそうは友だちって２人だけだと大へんだなってわかりました。これからも、まさみさんドッジボールを楽しんでね。

（13）　その他の授業資料

【ワークシート】

どっちにすればいいの　NO.1－2年　どうとく－
月　日（　）　年　組　番（　　　　　　　　）
1．えりは，ゆう子たちとあそぶべきでしょうか？それとも，
これまでどおり，まさみと２人であそぶべきでしょうか？
また，それはどうしてですか？わけを書きましょう。
ゆう子たちとあそぶべき　・　まさみとあそぶべき
（　　　　　）とあそぶべきだよ。どうしてかというと
からだよ。

どっちにすればいいの　NO.2　－2年　どうとく－
月　日（　）　年　組　番（　　　　　　　　）
2．友だちの意見を聞いてもう一度考えましょう。
えりは，ゆう子たちとあそぶべきでしょうか？それとも，
これまでどおり，まさみと２人であそぶべきでしょうか？
また，それはどうしてですか？わけを書きましょう。
ゆう子たちとあそぶべき　・　まさみとあそぶべき
（　　　　　）とあそぶべきだよ。どうしてかというと
からだよ。

２．うまくいかないときの対処法

【ワークシート等を書きにくい児童がいる場合】

　ワークシート等に考えや感想等を書きにくい児童がいる場合は、机間指導の際に「えりさんはどういうことで迷っているの？」「えりさんはどう

したらいいと思う？それはどうして？」等の声をかけ、児童が口頭で答えた内容について、「よく考えたね。今言ったとおりにここに書いたらいいよ」と励ましたり、「手紙が難しかったら、思ったことなど何でも書いたらいいよ」等の声をかけたりしながら、児童の考えを引き出すようにするとよい。

【ペアトークがうまく盛り上がらない場合】

低学年でペアトークを行う場合には、はじめに、教師と児童で実演してモデルを示し、理想とするペアトークのイメージを児童にしっかりともたせてから行うようにするとよい。ワークシート等の記述を互いに読み合う場合においても、聞き手が必ず一言感想や質問等を言うなどし、双方向の意見交流になるようにする。

また、２人が向かい合って発表し合う際、ワークシートで顔や口元が隠れていると相手に声が届きにくい。相手に口元が見えるようにして話すことやワークシートの持ち方等についても事前に指導しておく必要がある。

【役割演技の深め方】

本授業の場合、役割演技は「ゆう子と遊ぶべき」という考えのえり役と「まさみと遊ぶべき」という考えのえり役の２人で行う。役割演技は、教師対児童、または児童対児童で行う方法があるが、児童が役割演技に慣れていない場合には、まず教師対児童で行い、役割演技がスムーズに進行するよう教師が支援するのが望ましい。

役割演技を行う際には、はじめに、教師がやり方を説明したり、児童と実演したりしてモデルを示し、理想とするイメージを児童にもたせてから行うようにする。そして、演技の前には、その都度、「あなたはえりさんです。えりさんは、ゆう子さんから初めてドッジボールに誘われました。でも、仲よしのまさみさんには、２人だけで遊ぼうと言われました。……えりさんは、ゆう子さんと遊ぶべきでしょうか？それとも、まさみさんと遊ぶべきでしょうか？えりさんになったつもりで、思いをお話ししてみてください。さあ、どうぞ」などの状況等を教師が説明し、児童が主人公に感情移入できるような雰囲気づくりをする。また、児童の発言に対して、教師が随時、「そんなこと言ったら、仲よしのまさみさんが、悲しむのではないですか？（まさみと遊ぶべき）」、あるいは、「ゆう子さんに初めて誘ってもらって、本当はうれしいのではないですか？（ゆう子さんと遊ぶべき）」などの切り返しをしながら、考えが深まっていくようゆさぶるとよい。

３．発展的な取り扱い

一次判断のみ行い、終末で心のノートを活用する場合の展開

学級の実態に応じては、心のノートを活用し、友だち関係についての考えをより一般化していく展開も可能である。その際は、最終判断は行わずに一次判断のみ行うようにし、終末では、心のノートを活用した振り返りを行うようにする。なお、一時間内に学習活動が収まらない場合には、後日、心のノートを使って授業の振り返りを行うのもよい。

【学習過程】

段階	学習活動	主な発問と児童の心の動き	支援（◎）と評価（★）
展開後段	4．資料の後段を聞き、感想をもつ。	○お話の続きを聞いて、思ったことを発表しましょう。 ・えりさんもまさみさんも友だちが増えてよかったね。 ・多くの友だちと遊ぶことはえりさんにもまさみさんにもよいことだ。	◎資料の後段を教師が読み、内容の要点を板書する。 （板書④）
終末	5．心のノートの書き込みを発表し合い、友だちをたくさんつくっていこうとする気持ちをもつ。	○心のノートに書いたことや学習をして思ったことを発表しましょう。 ・算数の時、Aさんがやさしく教えてくれてうれしかったよ。 ・鉄棒の技ができなかった時、Bくんが「がんばれ」と言ってくれた。 ・たくさんの友だちを作りたいな。 ・ぼくもお友だちにやさしくしたい。	◎事前に児童に書き込みをさせておき、記述内容を把握しておく。発表時は意図的に指名し、紹介する。 ★友だちの大切さに気付き、友だちをつくっていこうとする気持ちをもてているか。 （発表内容）

ねらいに関わる内容を書いている児童の記述を２～３紹介し、友だちや友情への考えを深めさせるようにする。

お勧めの資料

資料名	内容項目	出典	出版社等
つぶれたプリムラ	1－(3) 正直、善悪判断	やさしい道徳授業のつくり方	鈴木由美子・宮里智恵、溪水社
すべりだい	4－(1) 規則の尊重	心に響く道徳学習教材集	広島県教育委員会

第3節　プログラムタイプの道徳授業の展開

1．道徳学習プログラム名　【「働くことのよさ」を感じさせるプログラム】

（プログラム図（p.41）参照）

2．道徳学習プログラムを活かした道徳授業の展開

（1）対象学年　小学1年

（2）資料名　もりのゆうびんやさん（小学校道徳　読み物資料集　文部科学省一部改作）、「東日本大震災後の運送会社の人々」（ヤマト運輸ホームページより）

（3）内容項目　働くことへの喜びを感じて、みんなのために働く
4－（2）　勤労

（4）主題観

生きていくうえで「働くこと」は大変重要である。働くことには責任が伴い、仕事をやりきるには苦労もある。しかし、そのことを通して、やりがいや誇り、人の役に立つ喜びを感じることができる。これこそが「働くことのよさ」である。また、本内容項目が、今回の学習指導要領改訂により低学年に新たに加えられたことからも、この時期から系統的に社会参画への精神を培うねらいがあるといえる。本題材は、森の仲間たちのために郵便物を届けようとするくまさんの姿と、東日本大震災直後に物資を現地に運ぼうとする運送会社の人たちの姿の２本の資料で行う。本題材を通し

みんなのために「はたらくことのよさ」を　かんじよう！

ねらい	みんなのために「はたらくことのよさ」を感じ，生活のあらゆる場面で自分のできることを進んでやっていこうとする態度を養う。

児童の意識の流れ		意識の事前把握	道　徳　の　時　間	見取りの活動
自分	働くことの大切さを感じ，最後までやりきろう。	冬休みお仕事チャレンジ① 【生活科における道徳教育の視点】 家での仕事に焦点を当て，お家の人がどのような仕事を行っているか調べた後，冬休みの間に，自分ができそうな仕事を計画・実践し，仕事をすることの大切さを感じる。	もりのゆうびんやさん 4-(2)　働くことのよさ 郵便物を届けようかどうしようかと迷いつつも仕事をやりきったくまさんや，東日本大震災直後に現地で仕事を再開した運送会社の人たちが，どのような気持ちで仕事をしているのかを話し合うことを通して，必要としてくれている人々のために仕事をやりきることの大切さや喜びに気付き，これからもみんなのために働こうとする気持ちをもたせる。	学級会 【特別活動における道徳教育の視点】 学級会において，クラスの中で必要な係や仕事内容を出し合い，一人ひとりが責任を持って取り組む必要があることを感じ，進んで働こうとする態度を養う。
仲間	働くことの喜びを感じ，自分に何ができるか考え，すすんで働こう。	冬休みお仕事チャレンジ② 【生活科における道徳教育の視点】 冬休みの実践交流会を行うことで，働くことの喜びを感じ，これからも自分の仕事をやっていこうとする意欲をもつ。		お礼の気持ちを伝えよう 【国語科における道徳教育の視点】 お世話になった６年生さんに手紙を書くことを通して，感謝の気持ちを持つとともに，自分がこれから学校のためにできることを考え，実践しようとする態度を養う。
学校全体	お世話をしてくれた６年生さんに感謝の気持ちをもち，自分も学校のために働こう。	６年生を送る会にむけて 【学級活動における道徳教育の視点】 ６年生を送る会にむけて，自分たちのために６年生が一生懸命お世話をしてくれた様々な行事や活動を思い起こすことを通して，感謝の気持ちを持つとともに，自分たちも人のために働こうとする心情を養う。	ゆきのないみち 2-(4)　感謝 自分たちが転んで危ない目に合わないで済むよう，寒い中，雪かきをしてくれている人々の思いを話し合うことを通して，人々の善意に感謝する気持ちをもたせるとともに，自分も誰かのために役に立とうとする心情を養う。	２年生になったら 【特別活動における道徳教育の視点】 学級会において，新しく入学してくる1年生さんに何をしてあげられるか，また，なぜそうすることが必要なのかを考え，内容や方法を話し合うことで，人のために進んで働こうとする態度を養う。

６年生を送る会に向けて

【学級活動における道徳教育の視点】

て、自分の仕事を必要としてくれている人々のために、責任をもってやりきることの大切さや喜びに気付かせ、みんなのために進んで働こうとする心情を育む。

（5）児童観

本学級では、みんなのために意欲的に働こうとする児童が多い。「仕方がない。やるしかないな」いう消極的な考えからではなく、係活動や掃除なども楽しみながら進んで行っている。事前調査（平成24年1月10日、35名実施）でも、「自分の仕事をすることができていますか」という質問に対して、9割の児童が「できている」と答えている。また冬休みに行った家庭での仕事に対しても、「きれいになって気持ちがいいから続けてやりたい」「家族が喜んでくれてうれしかった」などの感想を書いている児童が多かった。しかし学級の中では、仕事よりも自分のやりたいことを優先してしまい、継続的に続けることができない実態がある。自分の仕事のやりがいや働くことの喜びを感じながら、みんなのために進んで働こうとする児童は少ない。

（6）指導観

導入の場面では、冬休みに行った自分の仕事について自由に出し合わせ、資料へとつなげる。展開前段では、雪の日に小包を見たくまさんがどのような気持ちだったかを話し合わせ、迷いながらも、待っているやぎじいさんのために、責任をもって自分の仕事をやりきろうとするくまさんの仕事に対する思いに寄り添わせる。また、くまさんとやぎじいさんに分かれての役割演技を通して、「喜んでもらってよかった」「役に立ててうれしい」というくまさんの喜びや達成感を味わわせる。展開後段では、東日本大震災直後、現地に物資を運ぼうとする運送会社の人たちの姿から、必要としてくれている人々のために仕事をやりきることの大切さや、その喜びに気付かせ、みんなのために働こうとする意欲へつなげる。終末では、自分の行った仕事に対する相手の喜びを知ることで、これからもみんなのために進んで働こうとする心情を養う。

（7）本時のねらい

郵便物を届けようかどうしようかと迷いつつも仕事をやりきったくまさんや、東日本大震災直後に現地で仕事を再開した運送会社の人たちが、どのような気持ちで仕事をしているのかを話し合うことを通して、必要としてくれている人々のために仕事をやりきることの大切さや、その喜びに気付き、これからもみんなのために働こうとする気持ちをもたせる。

（8）授業評価のための基準

（○は気付かせたい考え、◎はできれば気付かせたい考え）

【児童の今の考え】

・決められた自分の仕事はやらないといけない。
・仕事をしなかったら先生に怒られるかもしれない。
・自分一人くらいやらなくても、だれかがやってくれるだろう。

⇒

【気付かせたい考え】

○自分の仕事をやりきると、とても気持ちがいいし、楽しい。
○仕事を最後までやりきると、喜んでくれる人がいる。その人のためにもやらないといけない。
◎自分から進んでみんなのために働くと、さらに嬉しいし楽しい。

（9）学習過程

段階	学習活動	主な発問と児童の心の動き	支援（◎）と評価（★）
導入	１．冬休みの仕事について交流する。	○冬休みにどのようなお仕事をしましたか。 ・私は毎日くつそろえをしたよ。 ・寒くてお風呂掃除はやらない時もあった。 ・家族みんながそれぞれ掃除を分担して、大変だったよ。	◎冬休みの仕事について自由に交流させることで、スムーズに資料内容へとつなげる。
展開	２．くまさんが毎日どんな気持ちで郵便物を配っているかを考える。	○くまさんはどんなことを思いながら郵便物を配っているでしょうか。 ・みんなに喜んでもらえてうれしいな。 ・あのおじいちゃんは元気かな。	◎森の仲間との会話から、仲間のために自分の仕事を責任をもって行っているくまさんの気持ちに寄り添わせる。（板書①）

		近くまで行くから寄ってみようかな。 ・ぼくもみんなと会えて楽しいよ。	◎大雪の朝、配達に行くかどうか、迷っているくまさんの気持ちを考えさせる。(板書②)
	3．大雪の日、くまさんは外に出て何を思ったか話し合う。	○窓から外を見たくまさんはどんなことを考えたでしょう。 ・荷物を届けないといけないなあ。明日にしようかな。 ・すごい雪だなあ。家の雪かきもしないといけないし。どうしよう。 ・行けるかな。でもやぎじいさんは小包を待っているだろうなあ。	◎雪の日の様子を具体的に想像させ、行くのが困難な様子をイメージさせる。
展開	4．やぎじいさんとくまさんがどんな会話をしたかを考え、荷物を届けたくまさんの気持ちを話し合う。	○やぎじいさんの顔を見て、くまさんはどんな気持ちになったでしょう。 ・雪で大変だったけど、やっぱりやぎいじいさんの所に来てよかった。 ・やぎじいさんにこんなに喜んでもらってうれしいな。 ・役に立ててよかった。どんなことがあっても続けていかないといけないな。	◎やぎじいさんとくまさんに分かれて役割演技をさせることで、荷物を届けてよかったと喜びを感じているくまさんの心情に迫らせる。 ◎やぎじいさんからのお礼の言葉を聞いた時のくまさんの表情を想像させ、仕事を全うしたくまさんのうれしさや達成感を感じさせる。(板書③)
	5．東日本大震災直後に運送を再開した運送会社の話を聞いて、感想を交流する。	○この運送会社の人の行動をどう思いますか。 ・荷物を待っている人のために、がんばって働いているのですごいなと思った。 ・荷物をもらった人たちは、とてもうれしかったし、本当に助かったと思う。	◎実際に荷物を運んでいる写真を見せることで、喜びや達成感を感じながら仕事をしていることに気づかせる。(板書④) ★仕事をやりきることの大切さや働くことの喜

展 開		・荷物を運んでいる人は、みんなのためにこれからもこの仕事をずっと続けていきたいと思っている。	びに気づくことができたか。（発言内容）
終 末	6．冬休みの仕事に対する家の人たちからの思いを知り、感想を交流する。	○お家の人からの感想を聞いてどう思いましたか。 ・私の仕事をとても喜んでくれてうれしいな。 ・これからもこの仕事を続けていこう。 ・自分の仕事はみんなのためになっていることが分かった。これからもがんばりたい。	◎冬休みに自分が行った仕事に対する保護者からの感想を読み聞かせることで、必要としてくれている人々のために仕事をやりきることの大切さや、その喜びに気付かせ、今後の意欲につなげる。（板書⑤） ◎ワークシートに自分の思いを書かせた後、全体で交流させることで、本時の学習を深めさせる。 ★必要としてくれている人たちのために、これからも働こうとする気持ちをもつことができたか。 （発言内容・ワークシート）

（10） 板書計画

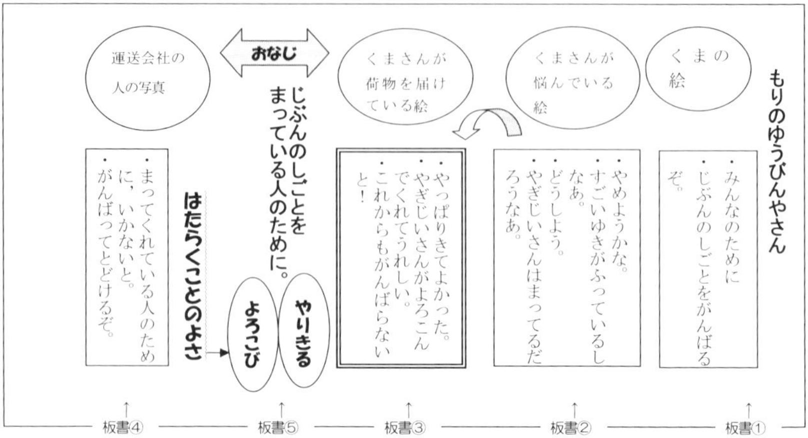

もりのゆうびんやさん
くまの絵
・みんなのために
・じぶんのしごとをがんばるぞ。
くまさんが悩んでいる絵
・やめようかな。
・すごいゆきがふっているしなあ。
・どうしよう。
・やぎじいさんはまってるだろうなあ。
くまさんが荷物を届けている絵
・やっぱりきてよかった。
・やぎじいさんがよろこんでくれてうれしい。
・これからもがんばらないと！
おなじ
じぶんのしごとをまっている人のために。
やりきる
よろこび
はたらくことのよさ
運送会社の人の写真
・まってくれている人のために、いかないと。
・がんばってとどけるぞ。
板書④
板書⑤
板書③
板書②
板書①

（11） 資料

もりのゆうびんやさん

（文部科学省、『小学校道徳　読み物資料集』より抜粋・一部改作）

「こんにちは、ゆうびんですよ。」

くまさんは　もりの　ゆうびんやさんです。1けん　1けん　こえをかけながらはいたつします。

「いつも、ありがとうございます。」

ゆうびんを　もらった　みんなは、おおよろこびです。

「こんにちは。かぜは　なおりましたか。」

「はい、よくなりましたよ。くまさんも　からだに　きをつけて　くださいね。」

くまさんは　ゆうびんがないひでも　みんなと　はなしをしたり　もりのようすを　つたえたりしています。みんなはくまさんがくることを　とてもたのしみにしています。

あるあさ。あたりいちめんゆきげしきがひろがっていました。きのうからふりつづいたゆきが　ふりつもったのです。

くまさんは　おどろきました。そして　なやみました。

「どうしよう。こんなに雪がつもっている。……いけるかなあ。」

しかし、きょうはやぎじいさんのいえへ　たいせつなこづつみをはいたつするひだったのです。

くまさんは　けっしんしました。くまさんは　かばんのなかに　こづつみを　たいせつにいれて　でかけました。

やまみちを　のぼっていくと　ようやく　やぎじいさんのいえが　みえてきました。くまさんは　やぎじいさんの　よろこぶかおを　おもいうかべて、いそぎあしになりました。

「やぎじいさん、ゆうびんですよ。」

「こんな　ゆきのひに　ごくろうさま。くまさん　たいへんだったでしょう。ほんとうにありがとう。」

「まちにすんでいる　おまごさんからですよ。」

くまさんは　かばんから　こづつみを　ていねいにだして　やぎじいさんに　わたしました。

「ぽかぽかのてぶくろだ。　ありがとう、くまさん。」

「よかったですね。これで　ゆきのひも　あんしんですね。」

くまさんは　つぎのはいたつさきに　いそぎました。

とってもさむいはずですが、くまさんのこころは、なぜか　ぽかぽかあたたかでした。

（12）　授業の実際

授業に際し、事前に生活科の「冬休みお仕事チャレンジ！」のワークシートをもとに児童の仕事の内容や様子、手順などを分析し、お家の方からの感想も把握しておいた（保護者の感想は終末の読み語りで使用した）。

【導入】

T：みんなは冬休みにいろいろなお仕事にチャレンジしましたね。どんなお仕事をやったの。
C：私は玄関のそうじをしたよ。
C：ぼくも同じ。
T：２人とも同じ玄関のそうじをしたんだね。やってみてどうだった。
C：ほうきではいて、楽しかったよ。
T：がんばったんだね。他にどんな仕事をした。
C：私はお風呂のそうじをしました。
T：やってみてどうだった。
C：つめたくてさむかったです。

ここでは、単に仕事の内容を交流するだけでなく、その時の気持ちも同時に発表させた。「やってみて楽しかった」という意見もあったが、「寒くて大変だった」「やるのをわすれた日もあった」など、素直な感想も出てきた。

【展開】

展開場面は主に資料の挿絵をもとに教師の読み語りで進めていった。また、雪の日の配達の大変さを感じさせるため、大雪の町の人々の大変さや雪かきの様子がわかるような映像や画像を見せた。

T：(大雪の様子を映像や画像で紹介)
T：くまさんは大雪の朝、外を見てどんなことを考えたでしょう。
C：雪が多くて行けそうもないな。
C：明日、やんでから配達すればいいかな。
C：まっている人がいるから行かないと。
T：こんな大雪の日だからやめといてもいいんじゃないの。
C：でもやぎじいさんはこの荷物をまっているから行かないといけないよ。
C：行かないとやぎじいさんがかわいそう。　(下線・筆者)

映像や画像で、雪の日の大変さが感じられ、くまさんが「どうしようか」と葛藤する場面がイメージできたようだった。最初は、「やはり配達は無理だ」という意見が多かったが、「待っている人がいるから行かないといけない」という意見が出てから、くまさんを待っているやぎじいさんの気持ちを考えた発言が出てきた。ここで、くまさんは、やはり待っているやぎじいさんの所へ行こうと決心したことを読み語り、次へと進めた。

T：喜ぶやぎじいさんの様子を見ながら、くまさんはどんなことを思ったでしょう。
C：やっぱり来てよかった。
C：こんなに喜んでくれてうれしいな。
C：大変だったけど、やぎじいさんに荷物を渡せてよかった。

［資料を最後まで読んだ後］

T：どうしてくまさんの心は、ぽかぽかあたたかだったのでしょう。 C：やぎじいさんに荷物を渡せてとてもうれしかったから。 C：やぎじいさんの喜ぶ顔が見れて、うれしい気持ちになったから。

このように、くまさんの気持ちを交流することで、「大変だったけどやぎじいさんのためにさいごまでやりきってよかった」というくまさんの清々しさや気持ちよさを感じ取ることができた。

展開の最後に、もう一つの資料である「東日本大震災後の運送会社の人々」（ヤマト運輸ホームページより）の画像を見て、資料同士をつなげた。

T：この運送会社の人は、どんな気持ちで運んでいるのかな。 C：荷物をまっているみんなのことを考えながら運んでいる。 C：荷物が来なかったら、避難している人は死んでしまうから、急がないと。 <u>C：さっきのくまさんと同じだ。</u> T：くまさんとこの運送会社の人は同じなの。どこが同じ。 <u>C：待っている人のためにがんばっている。</u> <u>C：いっしょうけんめいに仕事をしているよ。</u> <u>C：２人とも、みんなのために荷物を運ぼうとしている。</u> T：そうだね。ふたりは、待っている人のために、寒くても大変でも、最後までがんばって仕事をしようとしているね。　（下線・筆者）

児童の発言の中から、「くまさんと運送会社の人は同じだ」という意見が出たのでその意見を掘り下げていった。「待っている人のために、自分の仕事をやりきろうとする大切さや喜び」などを２つの資料から感じとることができた。

【終末】

終末では資料からはなれ、自分自身の生活に目をむけさせていった。事前に保護者に書いてもらっていた児童への感想を紹介し、その後、ワークシートに一人ひとりが感想を書いた。

［ワークシートより］
・わたしはとてもうれしいきもちになりました。つぎからもおうちのてつだいをがんばりたいです。どんどんまかせてください。
・「ありがとう」ということばをきいて､「うれしいな」とおもいました。もっとたくさんおうちや学校でおしごとをしたいです。
・かぞくみんなが「うれしい」っていってくれて、ぼくもうれしいきもちになりました。またやりたいきもちがでてきました。「ありがとう」といってもらえて、やくにたててよかったです。

２つの資料と自分たちの生活がつながるかと危惧していたが、仕事の内容は違えど、くまさんと同じように仕事に感謝してもらい達成感を味わうことができたようだ。ワークシートからも、「うれしいと喜んでもらえて自分もうれしい」「また他の仕事もやろう」など、家庭での仕事に対する意欲を高め、実践的な態度を養うことができたと考える。

(13) 道徳学習プログラムにおける事後活動へのひろがり

事後は、各家庭から学級全体へと活動の幅を広げさせ、自分のできる仕事について考え、実践するという特別活動（学級会）へとつなげた。児童からは「ぼくは給食当番のとき、最後までやってない時があったので、きちんとやりきるようにしたい」や「つくえやいすがぐちゃぐちゃだからせいとん係があったらいいと思う」など､自分たちの仕事の振り返りを行い、学級をよりよくしようとする意見が多く出た。さらに、その後「６年生を送る会」の行事と道徳の時間を絡め､学校全体へと目を向けさせていった。自分たちがしてもらったことに感謝の気持ちを持つとともに、今度は自分にできることを考え、進んで働こうとする実践意欲を高めていくことができた。

３．道徳学習プログラムがうまく機能しなくなったときの対処法

【授業や活動がつながらなくなった場合】

道徳の時間での児童の意識と日々の活動のつながりが見えない場合は、

学級会の導入で、道徳の時間の振り返りのワークシートを紹介したり、道徳の時間の中で、当番や係の仕事の様子を映像で見せたりするなど、意図的に教師がつなげていく必要がある。単発な取扱いにならないよう、根底で「働くことのよさ」について感じることができるよう、日々児童の行動を価値づけていくとよい。

４．発展的な取扱い

【同じ資料で前後の活動を入れ替えた場合の活動例】

事前は、このプログラムと同じように生活科と関連させながら家庭での仕事からスタートする。事後も生活科と関連させながら、学校の中で働いている人々について広げていく。その際、学校探検で分かったことや発見したことと関連させたり、実際の映像で振り返ったりすることで、より「働くことのよさ」を感じることができると考える。さらに、学校外に目をむけさせ、通学路で見守ってくださっている安全パトロールの人たちの活動へと広げることもできる。

【前後の活動が同じで価値を変えた場合の資料例】

資料名	主題名	内容項目	出典
おつかい	家族の協力	４－(３) 家族愛	あすをみつめて (日本文教出版)
ほめられたしんじくん	おかあさんありがとう	２－(４) 感謝	あすをみつめて (日本文教出版)
やくそくをきめよう	きまりをまもろう	４－(１) 規則の尊重	いきるちから (日本文教出版)
おふろばそうじ	きめたことはやりきろう	１－(２) 勤勉・努力	いきるちから (日本文教出版)
しょくじのよういできたよ	みんなのためにできること	４－(３) 家族愛	こころつないで (教育出版)

コラム②

あなたにもありませんか？
道徳授業の困りごと（>_<）

――そんな時はこうしてみましょう！ ）^o^（ ――

ここに書くのは筆者自身が経験したり研修会で質問されたりした道徳授業の困りごとです。一生懸命準備した授業なのに、いざ始まってみるとうまく流れない。読者の皆さんにもきっと心当たりがあると思います。

こんな時、どうすればよいのでしょうか？　Ｑ＆Ａで考えてみましょう。

Ｑ１　読み物資料……どのように選べばいい？

資料は道徳授業の構成要素の中でも特に大切なものです。子どもは登場人物の性格やおかれている状況などの情報を資料から得るからです。「ねらい」を決めたら副読本などを複数検討し、学級の子どもの状況と照らし合わせて最良と思われる資料を選ぶようにします。教師が共感できる資料であることも大切です。教師が資料に共感していると授業に、力強さが出てきます。

Ｑ２　読み物資料は子どもに配る？それとも読み語る？

資料を一人ひとりに配ると、子どもは資料提示のスピードを越えて先の方まで読んでしまうことが多いですね。話の先を知りたいのでしょう。ただ、結末まで描かれている資料だとゴールが分かってしまい、途中段階での人物の心情をリアルに考えさせることが難しくなります。そこで、資料を配布せず、分割しながら読み語る方法をお勧めします。その際、提示と同時に登場人物の関係性や状況などを板書すると、短時間で効果的な資料提示ができます。

Ｑ３　役割演技がうまくいかない！
セリフは決まっている？　笑わずに演じさせるには？　演技をどう生かせば？

役割演技は登場人物が感じていることや考えていることを子ども自身が体感し、その人になりきって言葉やしぐさで表現するものです。子どもがその人物になってその先の展開を作るわけですから、セリフは子どもが感じたままを言葉にすることになります。セリフは決まっていません。

役割演技をする時、子どもが笑ったりふざけたりすることがあります。これはその人物になりきっていないということです。演技に先立ち、子どもに目を閉じさせて、人物が今立って場所や見えているもの、聞こえている音などを想像させるようにすると、イメージがふくらみ人物になりやすくなります。また、日ごろからいろいろな感情をイメージして言葉やしぐさに表す練習を積むことも大切です。朝の会や帰りの会などで集中力を高め、なりきって表す練習をしましょう。

子どもが演じた言葉やしぐさにはその子どもの考えが表れています。発言と同じです。演技を通して出された考えは、その後の話し合いで生かすようにします。「どうしてそんな言い方になったのかな？」「やってみてどんな気持ちがした？」など演技後に子どもに尋ね、話し合いへと繋いでいきましょう。

Ｑ４　話し合いの進め方が分からない

子どもから出されたいろいろな意見をどう生かし、話し合いを進めればよいでしょうか。ここでは３つの場合について考えます。

①いろいろな意見が出て収拾がつかない。

「ねらい」に沿って意見を整理しましょう。子どもの意見を聞きながら、それがねらいに向かう道筋のどの位置にあるかを判断します。

例えば「友だちは大切です」「友だちは困っている時に助けてくれるから大切です」「友だちは困っている時に助けてくれるけど、簡単に助けないでできるところまでは頑張るように応援してくれるのも友だちだと思います」など、いろいろなレベルの考えを「ねらい」に向けて整理します。ばらばらに見える意見も板書で視覚化するとポイントが見え、進めやすくなります。

②早々と「ねらい」とする価値が出され、深まらないまま終わる。

その考えを出した本人を含め、言葉の上だけで「わかったつもり」になることはよくあります。教師も「ねらい」が達成されたと満足し時間を余らせてしまいます。しかし、実はここからが本当の道徳の時間です。「本当にそうなのか」「そうできなくて苦しい思いをすることはないか」「そう行動することで何が変わるのか」など、角度を変えながら問い直します。それにより子ども一人ひとりが価値について考えを深めることができます。

③近い考えは出ているのに、ねらいとする価値の言葉が出ない。

教師が「ねらい」の言葉、例えば「親切」や「友情」などを引き出そうと発問を繰り返す一方で、子どもはすでに何人もが「親切」や「友情」を語っている場合があります。教師が待っている言葉が出ていないだけです。子どもは自分の経験や体験をもとに発言するので一言にまとめられない場合が多いのですが、教師がそれに気づいていないのです。子どもが自然に発する言葉の意味するところをよく聞いて柔軟に対応します。例えば「みんなの言う相手を大切にしたいと思う気持ちは『友情』という言葉に置き換えられるかな」と、さりげなく、かつすっきりまとめることもできます。

Q５　ワークシートにはどんな項目を？

ワークシートは授業の節目で考えを書きとめたり、授業の最後に学んだことを書いたりする時に使います。書くことで子どもは考えがまとまるので書く活動は大切です。ワークシートを作る際は、どこで何を書かせるがポイントとなります。授業展開の中で大切なところに絞ります。展開段階なら中心場面の人物の気持ち、終末段階ならその時間に学んだこと、などが代表的です。

Ｑ６　終末までいかない

授業が終末まで行かず時間切れになってしまうことがあります。子どもの意識はチャイムと同時に切れてしまうので、延長はしないことです。終末に満足のいく時間を残すために、２つのことをお勧めします。

１つは授業の改善点を見つけ次回に生かすことです。授業をビデオ撮影して見返すと一目瞭然です。発問をころころ変えて子どもを混乱させたり、資料提示が何度も繰り返されていたりと、反省点が見つかります。

２つ目は時間をかけない終末にすることです。展開がうまくいけば子どもは十分に学び終えているので、終末は目を閉じて静かに授業を振り返るなど、あっさり終わります。しかし、子どもの学びが浅い場合は押さえが必要です。ただ、子どもの学びがどの程度かは授業してみなければわかりません。子どもの学びを判断し終末を柔軟に変更するためにも、終わり方を幾通りか考えておけば万全でしょう。

（宮里　智恵）

第３章　小学校中学年の道徳授業

【解説】

小学校中学年の児童は、小学校生活にもなれ、学習規律に従うことができるようになっていきます。それは抽象的なきまりというものをある程度意識できるようになり、それに従うことに慣れるということでもあります。子どもの思考にとっては大きな転換点です。この時期は、具体的な思考と抽象的な思考とが混じり合いながら、しだいに抽象的な方へと移行する時期なので、児童によって違いがあります。経験の違いもありますし、思考の発達の違いもあります。教師は一人ひとりの児童の違いを、注意深く見守ることが必要です。

このころの児童は他者的な思考をします。他者から見た自分を意識するようになるということです。自分が思っていることと、相手が思っていることが違うことに気づくことができます。相手から見た自分を意識するようになるこの時期に、話し合いや役割演技を取り入れて、相手の立場に立って考えるように促すことが大切です。道徳教育において絶対正しいとされる考え方はありませんが、児童が明るくのびのびと学校生活を送ることができるために、学級でよりよい考え方について学ぶことは大切なことです。ふたつの考え方があるときに、どちらがよりよいか、それはなぜか、自分の意見と友だちの意見を比較しながら、話し合うことが、小学校中学年の児童にとって望ましい道徳授業だといえましょう。

第１節の心情タイプの道徳授業は、本当の友だちとはどういう友だちかしっかり考えさせて、自分もそんな友だちが欲しいな、そんな友だちになりたいなと感じさせる教材です。『いのりの手』は実話に基づいたお話で、深く児童の心を揺り動かします。児童は、画家になる夢をあきらめてデューラーのために仕送りを続けたハンスの気持ちに共感し、信じる気持ちと疑う気持ちとの心の揺れを自分のこととして受け取ります。中学年の児童は、直接的に自分のためにならなくても、心の奥底で自分を思ってくれる深い思いに気づくことができるようになってきます。それは大人のような感情ではありませんが、児童なりに目には見えないけれども大切なことに気づきはじめます。友情の奥に込められている深い信頼に気づくように促すのが大切なことです。

第２節の、心情ジレンマタイプの道徳授業は、学級のきまりと学校のきまりを対比させながら、きまりの奥にある安全な暮らしについての考えを深める教材です。順番を守るというのは、公平・公正・平等といった価値を含んだ行為です。けれども日常生活の中では、ひとつの状況においても複数の順番が存在します。この教材のように、給食当番が優先されるというのもひとつの考えですし、いかなる場合も先に並んだ方が優先されるというのもひとつの考えです。それらを調整しなければ、いさかいになったり、言い争いになったりします。この教材では、同じ状況において複数の考え方があったときに、どの考え方を優先するのがよいか、立場に分かれて話し合いながら考えていきます。そして、順番というきまりの奥にある、みんなの安全を守るといった法の根拠に気づかせていくのがねらいです。こうした話し合いを通して、いろいろな行為には理由があること、それをきちんと言葉にして理解し合うことの大切さにも気づかせていくことができるでしょう。

第３節は、プログラムタイプの道徳授業です。実際に小学校で行われた実践を取り上げています。１ページ目に全体のプログラムの構造図をあげています。２ページ目からは、その中の道徳授業を取り上げて、他教科や体験活動と関連づけた道徳授業の方法を示しています。

1ページ目の構造図を説明します。一番左側の列にはプログラムを通して開かれていく子どもの意識が示されています。意識の事前把握には、道徳授業前の子どもの意識が示されています。このプログラムでは、総合的な学習の時間、理科、国語で事前把握がなされています。道徳の時間のところには、道徳授業でのねらいが示されています。見取りの活動には、道徳授業で養われた道徳的心情や価値観が実践される活動としてぶどう作りや学級活動、地域との連携による行事が仕組まれており、そこで実践化が促されることが示されています。このプログラム全体を通して、生命を大切にし、感謝して生きることの大切さを、児童が感じ取るように構成されています。ひとつひとつの教科や活動を、それ自体ねらいをもったものと考え実施するだけでなく、道徳教育プログラムの一部でもあることを教師が意識することで、生命尊重の価値を全体的にとらえ育むことができます。

道徳授業のうち、「ひとつぶのぶどうにこめた思い」の学習指導案を掲載しています。「ひとつぶのぶどうにこめた思い」のお話は、ゲストティーチャーの実体験を教材化したものであり、児童もぶどう作りを体験していることから、自分を重ねて考えやすい教材です。目に見えるぶどう作りの奥に込められた苦労や続けることの大切さ、見えない消費者と心を通い合わせることの大切さなどを学ぶことができます。自分たちにもできるのではないか、何かがんばって続けていきたい、相手の気持ちになって物事を進めようとする実践意欲や態度に結びつきやすくなる教材です。

このように小学校中学年のもつ他者思考の特徴を生かして、いろいろな共有体験を仕組み、様々な思いや見方を交流させ、目には見えないが大切なことに思いをいたらせるようにすることが、この期の道徳授業において大切なことです。

第１節　心情タイプの道徳授業の展開

１．学習指導案と授業展開

（１）対象学年　小学４年

（２）資料名　いのりの手　（学研）

（３）内容項目　友だちと互いに理解し信頼し助けあう。

２－（３）信頼・友情

（４）主題観

生きていく上で、信頼できる友だちの存在は大きい。喜びや悲しみを分かち合い、励ましあいながら切磋琢磨する関係は、人を勇気づけ、明日への希望をもたらす。信頼できる友だちを持つことは生涯の財産といっても過言ではない。しかし、お互いを理解し信頼し助け合う関係を築くことは容易なことではない。時には相手を疑ったり、自分が相手を裏切りそうになったりすることもある。だが、それでもなお相手を信じ通すことができ、お互いをかけがえのない存在と自覚した時、その友情は真実のものとなる。友だちの存在の大切さに気づかせることは、人が生きていくどの段階においても重要なことである。

（５）児童観

中学年の児童は家族や教師に対する依存から脱却し、友だちを強く意識し同調行動をとろうとする。それも、家や座席が近いなどの形式的な結びつきではなく、興味関心が近いなどの心理的な関係によって友だちを選択し始める。しかし、それだけに友だち関係は不安定になりがちで、強く結びつこうとして支配的になったり、相手を信じられずに不安に陥ったりすることも多い。こうしたことはこの時期の多くの児童が経験することであるが、渦中の児童はそうと気づかず、孤独や不安に苛まれることもある。信頼できる友だち関係をつくる大切さをじっくり考えさせたい時期である。

（6）指導観

本資料はドイツの画家アルブレヒト・デューラーが､代表作「いのる手」を描くきっかけとなった出来事が描かれている。若い頃、ハンスとデューラーは共に働きながら画家になることを夢見ていたが、貧しい２人は仕事に追われ絵の勉強ができないでいた。ある時ハンスはデューラーに先に絵の勉強をするように告げる。デューラーはイタリアへ移り、寝る間も惜しんで絵の勉強をした。その間ハンスは鉄工所で働き、デューラーにお金を送り続けた｡何年も後､ハンスと交代するためにようやくデューラーが帰って来た。しかし、すでにハンスの手は絵筆を握る手ではなくなっていた。涙にくれるデューラーをハンスは優しく慰める。デューラーはハンスの友情に心から感謝し、ハンスの手を描いたのだった。

この資料は、日々友だち関係に悩みや不安を抱える児童に、相手を信じて行動することの難しさと大切さを投げかけてくる。ハンスとデューラーの気持ちが揺れ動いた様々な場面の気持ちを考えさせることにより、児童は２人の友情に感銘を受け、友だちと互いに理解し信頼し助け合うことの素晴らしさを感じ、自分も友だちと強い絆で結ばれた関係を築きたいと考えるだろう。

導入ではデューラーの作品｢三位一体の礼拝｣の写真を示す｡これにより、本資料が実在の人物を描いたものであることを伝え、登場人物に関心を持たせる。資料はハンスとデューラーの気持ちが揺れ動く場面で分割しながら提示し、その時々の２人の気持ちを考えさせる。特に、何年間もデューラーを支え続けたハンスの気持ちが葛藤する場面についてしっかりと考えさせ、友だちを信じて行動することの難しさを押さえる。これにより、デューラーが絵の勉強を終えて戻ってきた時、それを笑顔で迎えたハンスの温かさ、友情の深さが一層明確になる。また、ハンスの手を描くデューラーの気持ちを考えさせることにより、自分を支えた友だちの存在の大きさに気づかせる。終末は学んだことをじっくりと書かせ、友だちとのあり方について考えを深めさせる。

（7）本時のねらい

自分の利害を超え、友だちのためを思って行動する生き方に触れることにより、友だちを信じて行動することの難しさや大切さについて考えを深め、友だちとよりよい関係を築こうとする心情を育てる。

（8）授業評価のための基準

（○は気付かせたい考え、◎はできれば気付かせたい考え）

【児童の今の考え】
- ・友だちは大切だ。
- ・友だちと仲よくしたい。
- ・友だちには裏切られることもある。
- ・友だちを信じることは難しいこともある。

⇒

【気付かせたい考え】
- ○友だちを大切にすることは難しいけどとても素晴らしいことだ。
- ○最後まで信じてこそ本当の友だちだ。
- ◎自分も本当の友だちをもてるよう、相手を信じる勇気と相手に信じてもらえる行動をするようにしよう。

（9）学習過程

段階	学習活動	主な発問と児童の心の動き	支援（◎）と評価（★）
導入	1　デューラーの「三位一体の礼拝」を見て自由に感想を交流する。	○今から500年ほど前に描かれた絵です。どのように感じますか。 ・細かいところまで一生懸命に描いている。 ・丁寧な絵を描く人だろう。	◎実在の登場人物に関する資料を提示し、関心を持たせる。
展開	2　資料の範読を聞き、話し合う。 ○早く絵の勉強がしたいと考えていたハンスの気持ちを考える。	○デューラーに先に勉強するように言ったハンスはどんな気持ちで言ったのでしょう。 ・デューラーの方が少し絵がうまいから、案外早く交代できるかもしれない。 ・自分も早く勉強したいけど、まずはデューラーに勉強してもらおう。	◎自分もやがて交代できると考えていたハンスの考えを押さえておく。（板書①）

	○ハンスの応援を受けて勉強するデューラーの気持ちを考える。	○遠い異国で絵の勉強をするデューラーはどんな気持ちでいるでしょう。 ・早く勉強を終えてハンスと交代してあげたい。 ・ハンスが頑張ってくれているのだから、自分も頑張ってしっかり絵の勉強をし、立派な画家にならなければ。	◎ハンスの気持ちを胸に一心に勉強するデューラーの気持ちを押さえる。（板書②）
展開	○何年間も黙ってデューラーを支えたハンスの気持ちを考える。 電話やメールで相手の様子をつかむことのできない時代であることを押さえる。	○デューラーの勉強が何年もかかる間、ハンスはどんなことを考えていたでしょう。 ・まだデューラーの勉強は終わらないのだろうか。いつまでかかるのだろう。 ・交代してくれる気持ちはあるのだろうか。 ・あんな約束をしなければよかった。 ・自分ばかりが働いて損じゃないか。 ・いや、デューラーが裏切ることはない。 ・ここで見捨てたら友だちじゃない。	◎デューラーへの疑心と闘うハンスの葛藤を押さえ、友だちを信じることの難しさを話し合う。また、それでもデューラーを信じて行動したハンスの気持ちを押さえる。（板書③） ★ハンスの葛藤やデューラーを信じようとする気持ちに共感しているか。 （発言内容・児童の様子）
	○自分の成功の陰にハンスの深い友情があったことに改めて気づいたデューラーの気持ちを考える。	○ハンスの手を見て涙を流し、その手を描くデューラーの気持ちを考えましょう。 ・自分を支えてこんな手になってしまったのか。ハンスよ、ごめん。 ・文句１つ言わずお金を送ってくれてありがとう。本当にありがとう。 ・自分はどうしたらハンスの気持ちに応えられるのか。 ・せめてハンスの手を描かせてもらいたい。 ・ハンスのためにも立派な画家になろう。	◎「いのる手」の挿絵を提示してじっくり見させる。またハンスの友情に心から感謝するデューラーと笑顔で応えたハンスの気持ちを押さえる。（板書④⑤） ★ハンスの友情に感謝しながら絵を描くデューラーの気持ちに共感しているか。 （発言内容・子どもの様子）

展開	○友だち関係を築くために必要なことは何かを考える。	○２人の友だち関係についてどう思いますか。 ・お互いを信じていてすごい。 ・途中、信じられなくなりそうな時があったけど、最後まで信じたことがすごい。 ・相手を信じることが大切と分かった。	◎友情には相手を信じる強い気持ちが必要なことに気づかせる。(板書⑥)
終末	○学習を通して考えたことを書き､交流させる。	○今日の学習で友だちとの関係について学びました。考えたことを書きましょう。	◎自分を振り返りながら書かせる。

（10） 板書計画

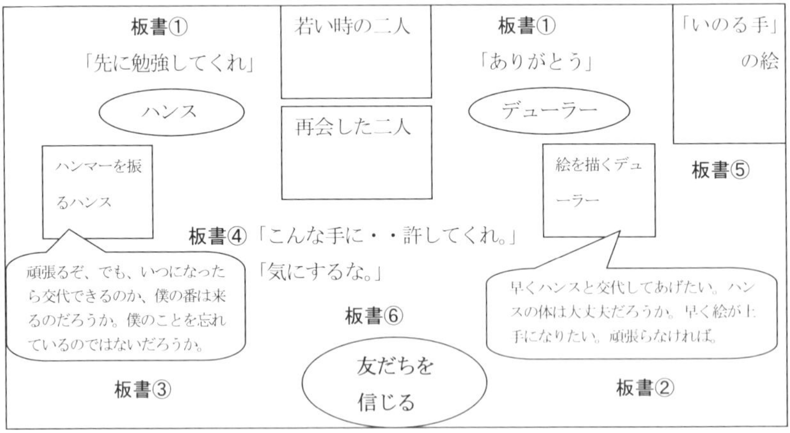

板書①
「先に勉強してくれ」
若い時の二人
板書①
「ありがとう」
「いのる手」の絵
ハンス
再会した二人
デューラー
ハンマーを振るハンス
絵を描くデューラー
板書⑤
板書④「こんな手に・・許してくれ。」
「気にするな。」
頑張るぞ、でも、いつになったら交代できるのか、僕の番は来るのだろうか。僕のことを忘れているのではないだろうか。
早くハンスと交代してあげたい。ハンスの体は大丈夫だろうか。早く絵が上手になりたい。頑張らなければ。
板書⑥
友だちを信じる
板書③
板書②

（11） 授業の実際

T：ハンスはどんな気持ちでしょう。

C：ハンスは今､迷っていると思います。

【活動の流れ（ハンスの葛藤場面）】

Ｔ：デューラーの勉強が何年もかかる間、ハンスはどんなことを考えていたでしょう。
Ｃ：デューラーはまだ画家になれないのだろうか。
Ｃ：いつになったら自分は絵の勉強を始められるのだろう。
Ｃ：本当に自分の番が来るのだろうか。
Ｃ：デューラーは僕のことを忘れているのかもしれない。
Ｃ：もしかしたら、画家になることをやめてしまっているのではないか。
Ｃ：もしそうなら、これまでの自分の頑張りはどうなるのか。

このように、児童からはハンスに立ち起こってきている心配や苛立ち、疑いなどの気持ちが多数出されてきた。そこへ、一人の児童が別の角度から発言した。

Ｃ：ハンスは、デューラーが画家になっているとしても、それだけでは自分と交代できるだけのお金は（まだ稼いで）ないから、もっと有名な画家になるまでデューラーは頑張るつもりだろうと思っていると思う。だから自分はデューラーを信じてお金を送ろうと思っていると思う。

この発言は、ハンスがデューラーを疑い始めたことに児童が注目したところで、従前のハンスの気持ちにもう一度立ち返らせようと教師が準備していた揺さぶり発問の機能と同様の発言だった。この発言により、児童はハンスの心の中には、デューラーを信じようとする気持ちと自分のことを忘れてしまったのではないかと悩む気持ちの両方が存在し、それがハンスを葛藤させていることに気づいた。

Ｔ：ハンスの手を見て涙を流し、その手を描くデューラーの気持ちを考えましょう。
Ｃ：僕のために働いてお金を稼いでくれてありがとう。
Ｃ：こんな手になるまで働いてくれてありがとう。
Ｃ：ハンスが画家になれなくて悲しいけど本当にありがとう。
Ｃ：せめてその手を描かせてほしい。
Ｃ：心をこめて大切な友だちの手を描こう。

【終末で児童が書いたもの】

・ハンスは３年たった頃、デューラーを信じてないような時があったけど、それでも最後までちゃんと待ってデューラーを責めないで迎えたところがすごいです。わたしもちゃんと友だちを信じたいです。

・このお話を聞いて、友だちを信じる気持ちは大切だと思いました。絵をかけなくなった時、ハンスはとても悲しかったでしょう。でもデューラーが画家になってくれてよかったと思えるところまで頑張ってデューラーのために働いたと思います。それにハンスは「ハンマーの仕事は上手になったんだ」と笑った時、ハンスは人を思いやる気持ちのあるやさしい人だと分かりました。私は何年たっても待ち続けたハンスはすごいと思いました。

・ぼくはこのお話を聞いて、ハンスとデューラーはえらいと思いました。まず、ハンスがえらいと思ったわけは、デューラーを信じてデューラーが画家になるまで一生懸命働いて、そしてデューラーがもどってきた時にはもう画家にはなれない手になっていても、デューラーを責めていないからです。デューラーがえらいと思ったのは、友だちが待っていることを考えて寝る時間も惜しんで絵の勉強をして、早く代わってあげたいと思っていたからです。結局ハンスは画家になれなかったけど、自分が助けて画家になった友だちがいてハンスはうれしいと思います。

・私はこのお話を聞いて、ハンスもデューラーも両方すごいけど、特にハンスは友だちを信じてお金を送り続けたのがすごいと思いました。きっととても苦労したと思います。なのに、デューラーが帰って来たとき、「絵はかけないけど、この仕事では一流さ」と言って笑えたので、やっぱりハンスは友だち思いなんだなと思いました。このお話は友だちを信じることの大切さが分かるお話だなあと思いました。

・私はこの「いのりの手」の話を聞いてすばらしいと思いました。ハンスのすばらしかった所は、デューラーに先に勉強させてあげ、自分は友だちを信じてつらい仕事をし続け、かせいだお金を自分のためではなく、友だちのために送り、そのような仕事を何年も何年もしつづけたことと、友だちのために自分の絵描きになりたいという夢を捨て、デューラーのことを信じ続ける友情がすばらしいと思いました。デューラーのすばらしかった所は、ねる間もおしんで熱心に勉強し、ハンスに早く勉強してほしいと思っていたことや、ハンスの友情をたたえ、すばらしい絵をかいたことです。友情というのはとても大切だなあと思いました。

(12)　留意点

①実在する資料の準備

本資料は実在した画家を描いている。500年以上も前の話とは言え、実在の人物の資料は児童にとってインパクトが大きい。その人の生き方に学ぼうとする意欲がおのずと起こってくるからである。そこで読み物資料以外で入手できる資料があればできるだけ準備したい。本時はデューラーの描いた絵画「三位一体の礼拝」の写真を図書館の美術資料から入手し、導入で用いた。児童は緻密に描かれた絵を見て、「丁寧な絵を描く画家の人だろう」「細かいところまで一生懸命に描いている」などの感想を持ち、デューラーの人物像について具体的なイメージを持つことができた。

②資料の分割提示

本資料は中心となる登場人物が複数おり、それぞれの気持ちの移り変わりが重要なポイントとなる。このような場合、資料を場面毎に分割提示し、人物の気持ちを考えさせる。相手を先に勉強に行かせたハンス、ハンスの援助を受けながら絵の勉強をするデューラー、何年間もお金を送り続けたハンス、ハンスの友情に感謝しながらその手を描くデューラーなど、気持ちを考えさせたい場面は多い。効果的な資料提示により、テンポよく進めながらも必要な場面についてはしっかりと時間をかけるようにする。

③書く活動の重視

書く活動は児童が自分自身と向き合う重要な活動である。自分の言葉で書くことにより、漠然としていた考えや気持ちが整理され明確になる。本時は終末で書く活動を取り入れ、友だちを理解し信頼し助け合うことの難しさと大切さについて、自分自身の友だち関係はどうか、という視点を含めて振り返る。また、書いたものはできるだけ交流する。自分以外の人の考えに触れることで友情観について考えを深めるとともに、友だち関係で悩んでいるのは自分だけではないと気づき、不安感や孤独感を和らげる実質的な効果が得られる。

２．うまくいかないときの対処法

【葛藤場面で、より切実感を持たせたい場合】

本時のねらいを達成するためには、デューラーを支えるハンスの葛藤を際立たせることが重要となる。葛藤とは２つ以上の気持ちが揺れ動き、１つに定まらない苦しさであるから、どのような気持ちが揺れ動いているのかを児童にはっきりとつかませることがポイントである。

ハンスの葛藤を切実感を持って感じさせるには、①ハンスのおかれた状況をはっきりとつかませ、ハンスに去来する様々な感情を出し合わせること、②児童の捉えが表層的にならないようにいろいろな角度から揺さぶること、が大切である。①については、ハンスは遠い異国で学ぶデューラーの姿を直接見ることはできず、ただ信じて何年間もお金を送ることしかできなかったことを押さえ、友を信じ応援しようとする前向きな気持ちの中に、焦りや苛立ち、疑いなどの後ろ向きの気持ちも立ち起こってきていることに気づかせるようにする。②については、ハンスの後ろ向きの気持ちの立ち起こりに注目が集まりがちとなるので、従前には友を信じようとする前向きな気持ちがあったことを押さえ、葛藤する両方の気持ちをより際立たせるような発問をする。例えば「ハンスは自分からデューラーを応援すると言ったよね」「何年間も自分だけが働いて、いつになるか分からない交代の時期を待てるだろうか」と、正反対の立場に立つ発問で揺さぶり、児童自身がハンスとなって自分の内面に問いかけることができるようにする。

３．発展的な取り扱い

他の内容項目による取り扱い

本資料を「思いやり　２－（２）」で扱う際には、ハンスが中心人物となる。画家として成功したデューラーがハンスの手を見て涙を流す場面を取り上げる。「なんだ、デューラー。おれの手なんか心配するな。こんな手では、もう絵筆は持てないが、ハンマーを持たせたら、天下一品なんだぞ」

と笑ってデューラーをなぐさめたハンスの気持ちを考えさせるところが中心場面となる。デューラーの気持ちを思いやり、あくまでも平気な顔を貫くハンスの深い気持ちに気づかせたい。展開以降の発問と反応等を記す。

段階	学習活動	主な発問と児童の心の動き	支援（◎）と評価（★）
展開	○デューラーを迎えたハンスの気持ちを考える。	○ハンスはどんな気持ちで「おれの手なんか心配するな。こんな手ではもう絵筆は持てないが、ハンマーを持たせたら天下一品なんだぞ」と笑ったのでしょう。 ・ここで自分が悲しい顔や悔しい顔をしたら、デューラーが悲しむ。 ・画家をあきらめることになる残念な気持ちをデューラーに悟られないようにしよう。 ・デューラーに気をつかわせたくない。	◎デューラーを責めることをしないばかりか、デューラーを悲しませないために笑顔をつくったハンスの気持ちを考えさせる。 ★ハンスのデューラーに対する思いやりの気持ちに気づいているか。 (発言内容･子どもの様子)
	○ハンスの行動について話し合う。	○ハンスの行動をどう思いますか。 ・とてもやさしくて思いやりがある。 ・自分も苦しいのに、相手を悲しませないために笑顔をつくっていてすごい。	◎デューラーへの深い思いやりの気持ちがハンスの笑顔になったことを押さえる。
終末	○学習を通して考えたことを書き､交流させる。	○今日の学習で人を思いやることについて学びました。考えたことを書きましょう。また発表してみましょう。	○自分を振り返りながら書かせる。

お勧めの資料

資料名	内容項目	出典	出版社等
まどガラスと魚	1－（4）正直・誠実	小学どうとく 生きる力　3年	日本文教出版
ヒキガエルとロバ	3－（2）動植物愛護	かがやけみらい どうとく3年	学校図書
かえしたゆびわ	1－（4）　正直・誠実	小学どうとく 心つないで	教育出版

メンバーが足りなくて	2－（3）信頼・友情	小学校どうとく3 あすをみつめて	日本文教出版
まけるものか ―野口英世―	1－（2）勤勉・努力	どうとく3 明るい心で	東京書籍
雨のバスていりゅう所で	4－（1）公徳心	小学どうとく 生きる力　4年	日本文教出版
心の信号機	2－（2）思いやり・親切	みんなのどうとく 4年	学研
ミレーとルソー	2－（3）信頼・友情	小学どうとく 生きる力　4年	日本文教出版
新次のしょうぎ	1－（4）正直・誠実	4年生のどうとく	文溪堂
一枚の銀貨	4－（3）家族愛	みんなのどうとく 4年	学研

第2節　心情ジレンマタイプの道徳授業の展開

1．学習指導案と授業展開

（1）　対象学年　小学3～4年

（2）　資料名　順番（森川敦子作）

（3）　内容項目　きまりについて考えよう　4－（1）規則の尊重

（4）　主題観

わたしたちの暮らす社会には、たくさんのきまりがある。そのようなきまりやマナーは、自分や身近な人たちのためだけでなく、社会に暮らす多くの人たちが気持ちよく安全に生活するために作られたものである。

きまりには、小集団内で決めた小さなきまりから、より一般的、普遍的なきまりまで、様々なものがある。きまりの意味を理解し、個々のきまりを守っていくことは大切なことではある。しかし、複数のきまりが同時に存在している場合には、いずれかのきまりを優先させながら、適切な行為を選択しなければならないこともある。したがって、児童には、一つひとつのきまりの意味をしっかりと理解させると共に、きまりの種類やそのきまりが及ぶ範囲等を考えて、状況に応じた適切な判断ができる力を付けていく必要があると考える。

（5）　児童観

本学級の児童は、「きまりは大切であり守らなければならないものである」と捉えている。しかし、この時期の児童は、気の合う仲間できまりをつくり、自分たちで決めたきまりを大切にする傾向がある。また、きまりそのものの種類やそのきまりが適用される集団等の範囲について考える経験は少ない。そのため、日常生活の様々な場面において、自分の都合や身近な人間関係を優先した判断だけでなく、そのきまりがどのようなきまりかを的確に判断し、状況に応じた適切な行為を選択できることが大切である。

（6）　指導観

本資料は、主人公の洋介が、学級の給食準備をスムーズに行うために決めた「給食当番に手洗いの順番を譲る」とういう学級独自のきまりと、「早く並んだ人から手洗いをする」という一般的なきまりとの間で葛藤する話である。授業では、ペアトークや役割演技を用いて、２つの気持ちの間で悩む主人公の葛藤を児童がしっかりと理解できるようにする。また、洋介のとるべき行為やその理由についての話し合いを通して、児童がきまりについての考えを深めることができるようにする。そして、身近なきまりだけでなく、より一般的、普遍的なきまりの存在やきまりの意味についても理解し、状況に応じた適切な判断ができる大切さに気付かせていきたい。

（7）　本時のねらい

学級のきまりと一般的なきまりとのどちらを選ぶべきかについての話し合いを通して、規則の意味やより普遍的な規則を尊重することの大切さに気付かせるとともに、状況に応じた適切な道徳的判断力を育てる。

（8）授業評価のための基準

（○は気付かせたい考え、◎はできれば気付かせたい考え）

【児童の今の考え】

・先生やみんなに怒られたりするからきまりは守る。
・なぜきまりがあるのかあまりよくわからないが、きまりは守らないといけない。

【気付かせたい考え】

○きまりを守るとみんなが生活しやすくなる。
○みんなのために決めたきまりだから守ろう。
◎学級より学校のきまりを優先すべき時もある。

（9）学習過程

段階	学習活動	主な発問と児童の心の動き	支援（◎）と評価（★）
導入	1．きまりがあってよかったと思うことを発表する。	○きまりがあってよかったと思うのはどんな時ですか？ ・廊下や道路の歩行のきまりがあるとけがが防げる。 ・下校時刻のきまりがあると安全。 ・きまりがあると楽しく遊べる	◎意見が出にくいと予想される場合には、事前にアンケートをとっておき、その結果を発表するとよい。（板書①）
展開前段	2．資料を聞き、主人公洋介の置かれた立場と葛藤状況を理解する。	○洋介君はどのようなことで迷っていますか。 ・洋介の学級では「給食当番は先に洗ってよい」というきまりがある。 →1、2年生よりも先に洗うべき。 ・「給食当番は先に洗ってよい」というきまりは、洋介の学級のきまりで1、2年生の学級にはないきまりである。 →当番に遅れたとしても、順番を待つべき。 【補助発問】 ○洋介君の学級では、なぜそのようなきまりを決めたのでしょう。	◎資料の内容を理解しやすいよう、資料は教師の語りとイラスト提示によって進める。（板書②） ★洋介の葛藤状況を理解できているか。 （発言内容・児童の様子） ◎きまりの意義に着目させるために、なぜ、洋介のクラスではそのようなきまりを決めたのか考えさせる。

展開前段	3．望ましい行為とその理由を選び、役割演技や意見交流等で発表する。	○洋介君は先に手を洗うべきでしょうか？それとも順番を待つべきでしょうか？また、それはなぜですか？ ＜先に手を洗うべき＞ ・学級の当番はみんな先に洗うから。 ・先生もそのきまりを認めているし、学級のきまりだから。 ・学級のために決めた大切なきまりだから。など ＜順番を待つべき＞ ・先に洗わない学級もあるし、当番に遅れても分かってもらえる。 ・他の学級にはそのようなきまりがないから。 ・「先に洗う」のは、洋介君だけの学級のきまりで、学校のみんなが納得したものではないから。	◎児童が発表しやすいよう、ワークシートに書かせ、ペアで発表させた後に、全体の場で２～３組、役割演技をさせる。洋介の葛藤を明確にするため２人（両方の立場）の洋介を登場させ、それぞれの思いを対話形式で発表させる。 ◎両方の立場の意見を整理して板書する。（板書③、板書④） ◎机間指導を行い、判断傾向の把握や書きにくい児童への助言を行う。 ★自分の立場と判断理由が書けているか。思いを表現できているか。（記述内容、発表の様子）
展開後段	4．意見交流をふまえ、望ましい行為とその理由をワークシートに書く。	○友だちの意見を参考にして、もう一度考えてみましょう。洋介君は先に洗うべきでしょうか？それとも順番を待つべきでしょうか？また、それはなぜですか？	◎机間指導を行い、判断傾向の把握や書きにくい児童への助言を行う。
終末	5．今日の学習や自分の生活を振り返り、分かったことやきまり	○今日の学習をして、分かったことやきまりについて考えたことを書きましょう。	◎机間指導を行い、ねらいに迫る感想を書いている児童を把握しておく。発表させる際に

役割演技に際しては、児童がイメージをしっかりともてるよう、役割演技をする場面の状況を説明してから演技させるようにする。

終末	について考えたことをまとめる。	○書いたことを発表し、交流しましょう。 本時のねらいに関わる内容を書いている児童の感想を２～３紹介し、道徳的価値の自覚を深めるようにする。	は、状況に応じて意図的に指名する。 ◎児童の考えや感想を整理して板書する。（板書⑤） ★きまりの意義やきまりの大切さについて考えを深めているか。（ワークシート、発表内容）

（10） 資料

順番 （森川敦子作）

４時間目が終わって、給食の準備が始まりました。給食当番の洋介君は、図工の後かたづけをしていたので少し準備が遅くなってしまいました。洋介君は、急いでエプロンをつけ、手洗い場に行きました。手洗い場は、故障中の水道もあり、１、２年生で大混雑していました。

洋介君が並んだ水道には、すでに４、５人の１、２年生がならんでいました。１、２年たちは、おしゃべりしながら、石けんでていねいに、時間をかけて手を洗っています。給食当番に遅れそうな洋介君は、イライラして１、２年生に言いました。「ねえ、君たち、ぼくは給食当番で、食器係なんだ。おまけに隣の人がお休みで、ぼく１人で運ばなきゃならないんだ。急いでいるから先に洗わせてくれないか？それに、ぼくたちのクラスでは、『給食当番は先に洗ってよい』というきまりがあるんだよ。」

すると、１、２年生は、「えー。ぼくたちのクラスではそんなきまりはないよ。ぼくたちが、先に並んでいるのに、それじゃあ順番抜かしだよ。ずるいよ」とおこったように言いました。それでも、洋介君は、「ぼくは、クラスのみんなのための当番なんだから頼むよ。食器係のぼくが遅れるとおかずをつげなくて給食がすごく遅くなるんだ。今日は、昼休憩もないし……、みんなが困るから、先に洗わせてくれよ」と言いました。

けれども、１、２年生は「ぼくたちだって、早く食べたいし、順番

守ってならんでいるんだ。順番抜かしはいけないよ」と言い張ります。周りにいた他の子どもたちも、「当番が先に洗っていいなんて、ぼくたちのクラスにだってそんなきまりはないよ。ずるいよ」と口々に言います。給食前なので、どこの手洗い場も、子どもたちでいっぱいです。

洋介君は、当番に遅れてもこのまま順番を待つべきか、無理にでも割り込んで手を洗い、当番に遅れずに行くべきか、まよってしまいました。

(11)　板書計画

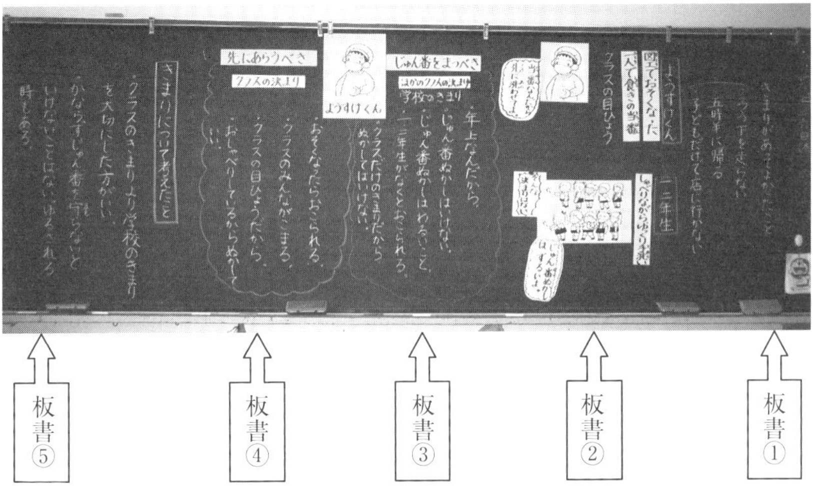

(12)　授業の実際

2つの立場の考えを役割演技で表現

全体での意見交流

【授業記録】展開前段の意見交流（一部抜粋）

C：私は、待つべきだと思います。だって、１、２年生がもし泣いたらいけないし、先生に言いつけられたら困るからです。

C：１、２年生は普通に洗っているんじゃなくて、他の人とおしゃべりをしながらゆっくり洗っているのだから、先に行ってよいと思います。

C：３年生は年上だから、待つべきだと思います。

C：私は当番が遅れても順番を守ると思います。もし順番を抜かして１、２年生が大騒ぎになったら他のクラスに迷惑がかかるから静かに待った方がいいと思う。

C：でも当番が遅れたら先生におこられます。当番じゃない人は手を洗うのが遅くてもいいけど、当番が遅いとみんなが給食を食べるのが遅くなるからです。

C：でも、そういう時は、みんなに謝れば全然問題ないと思う。わけを話せば許してもらえると思います。

C：その意見には反対です。１、２年生を抜かしたとしても、洋介君のクラスでは「給食当番は先に行っていい」っていうきまりだから先に行った方がいいです。

C：反対です。洋介君のクラスでは、「先に手を洗ってもいい」というきまりがあっても、１、２年生にはそんなきまりはないし、そんな、１、２年生のわからないことを言っても、「順番抜かし」とか言われるから、やっぱりちゃんと待った方がいいと思います。

児童の反応としては、「先に洗うべき」と「順番を待つべき」という意見がおよそ半々であった。話し合いの前半には、「順番を抜かしたら１、２年生の先生におこられる」、「当番に遅れたらみんなに文句を言われる」等、きまりを守ることに対する他律的な考えが出されていた。しかし、話し合いが進むにつれて、「学級のみんなで決めた目標のためだから、割り込んでも許される」、「きまりだけれど学級のみんなのためだから先に洗ってもよい」あるいは、「一つの学級だけのきまりだから１、２年生には分からない。順番抜かしと言われるからいけない」、「学級のきまりより、全体のきまり（順番を守る）の方を守らないといけない」等、きまりの役割や優先するべききまりについての考えが多く出されるようになった。

【児童の感想】 ワークシートの記述より（一部抜粋）

○　洋介君は、当番だから、やっぱり先に洗ってもいいと思います。このわけを言えばきっと１、２年生の先生もしんじてくれると思います。

○　一つのクラスのきまりと学校のきまりでは、学校のきまりの方を守らないといけないと思います。学校のきまりはどのクラスも守らなければならないきまりだからです。

○　ぼくは、きまりがすごく大切なことが分かりました。ぼくはたまにきまりをやぶってしまいます。今日の勉強をしてきまりを守らないといけないと思いました。

（13）　その他の授業資料

【ワークシート】

じゅんばん　－　年　道徳－

月　日（　）　年　組　番（　　　　）

1．ようすけくんは，わりこんででも先に洗うべきでしょうか？
順番をまつべきでしょうか？
また，それはどうしてですか？

先に洗うべき　・　順番をまつべき

（わけ）
わけは，

2．友だちの意見を聞いてもう一度考えましょう。
ようすけくんは，どうするべきでしょう？
また，それはどうしてですか？

先に洗うべき　・　順番をまつべき

（わけ）

順番の学習をして

月　日（　）　年　組　番（　　　　）

２．うまくいかないときの対処法

【役割演技の深め方】

本授業の場合は、「先に洗うべき」という考えの洋介役と「順番を待つべき」という考えの洋介役の２人で役割演技を行う。役割演技は、学級の実態に応じて、教師対児童、または児童対児童で行う。

役割演技を行う場合には、はじめに、教師と児童で実演してモデルを示し、理想とするイメージを児童にはっきりともたせてから行うようにする。そして、演技の前には、その都度、「さあ、みなさんは洋介君ですよ。洋介君は、給食当番です。片付けを済ませ、急いで手洗い場に来ました。すると手洗い場にはたくさんの人達が並んでいました。……この時洋介君は、『先に洗うべき』と考えているのか、『順番を待つべき』と考えているのでしょうか。洋介君の言葉で、さあ、どうぞ」などの状況等を教師が説明し、児童が主人公に感情移入できるような雰囲気づくりをする。

児童対児童の役割演技で十分な深まりが見られない場合は、一方の役を教師が行い、「当番が先に洗うのは学級のみんなのために決めた大切なきまりだから洋介君は守った方がいいんじゃないの（先に洗うべき）」、あるいは、「そのきまりは他の学級にはないきまりだから、他の学年の人達が守る必要はないのでは？（順番を待つべき）」などの考えを示しながら、きまりに対する児童の考えをゆさぶっていくとよい。

【意見交流の深め方】

全体での意見交流を深め、本時のねらいに迫る話し合いにしていくためには、以下のようなポイントとなる考えを引き出し、きまりについて学級全体でしっかりと考えさせていくことが大切である。

「先に洗うべき」の立場の児童からは、「当番が先に洗うというきまりは、みんなが給食を早く準備し、過ごしやすくするために作られたものであり、それを守ることはみんなのためになる」というような、きまりの意味につながる考えを引き出すようにする。また、「順番を待つべき」の立場の児童からは、「このきまりは、洋介君の学級だけのきまりであるから、他学級・他学年には通用しない」、「学校全体の場では、順番を守るというみんなが知っている（より一般的な）きまりを守った方がよい」など、より普遍的な規則を尊重することの大切さに気付かせるような考えを引き出すようにする。そして、それらの考えが出された際は、「今の考えについて、他の人はどう思いますか？」、「なるほどと思う考えですが、反対の立場の人はどう思いますか？」と、教師が学級全体に問いかけ、議論を焦点化しながら、考えを深めていくようにすることが大切である。

３．発展的な取り扱い

①　より発展的なねらいにした場合の展開

ねらいとする内容は４－(１)「規則の尊重」のまま、学級の実態に応じて、下線部のようにより発展的なねらいで授業を実施することも可能である。その際は、前掲の学習過程の４、５を以下のように変更して行うとよい。

【本時のねらい】（下線部が変更部分）

学級のきまりと一般的なきまりとのどちらを選ぶべきかについての話し合いを通して、規則の意味やより普遍的な規則を尊重することの大切さに気付かせるとともに、<u>状況に応じたよりよい解決策を考えることのできる判断力を育てる。</u>

【学習過程】

段階	学習活動	主な発問と児童の心の動き	支援（◎）と評価（★）
展開後段	４．葛藤を解決するよりよい方法とその理由をワークシートに書き、発表し合う。	○洋介君はどうすればこの問題を解決できるでしょうか？また、その方法がよいと考えた理由も発表しましょう。	◎３での意見を参考に、二者択一ではなく、よりよい解決策を考えさせるようにする ◎机間指導を行い、書きにくい児童には個別指導を行う。
終末	５．今日の学習や自分の生活を振り返り、分かったことや考えたことをまとめる。	○今日の学習をして、分かったことやきまりについて考えたことをワークシートに書きましょう。	◎机間指導を行い、ねらいに迫る感想を書いている児童を把握しておく。発表させる際には、状況に応じて意図的に指名する。

終末		○発表して、考えを交流しましょう。 本時のねらいに関わる内容を書いている児童の感想を2～3紹介し、道徳的価値の自覚を深めるようにする。	★学級のきまりと学校のきまりの両方を意識した解決策を考えているか。（ワークシート、発表内容）

お勧めの資料

資料名	内容項目	出典	出版社等
どっちにすればいいの？	2－(3) 友情・信頼	小学校道徳 自作資料＆指導案　NO.1	服部志信編著 明治図書
友達だから	1－(3) 正直、善悪判断	規範性をはぐくむための教材・活動プログラム	広島市教育委員会
どうぞと言われて	4－(1) 規則の尊重	規範性をはぐくむための教材・活動プログラム	広島市教育委員会
ドッジボールの決勝戦とお楽しみ会	4－(3) 役割・責任	規範性をはぐくむための教材・活動プログラム	広島市教育委員会
ポトマック川のできごと	3－(1) 生命尊重	人間を超えたものへの「畏敬の念」の道徳授業　小学校	諸富祥彦 明治図書

第３節　プログラムタイプの道徳授業の展開

１．道徳学習プログラム名　【いのち育みプログラム】

（プログラム図（p.81参照））

２．道徳学習プログラムを生かした道徳授業の展開

（1）　対象学年　小学３年

（2）　資料名　ひとつぶのぶどうにこめた思い（山田聖児作）

（3）　内容項目　努力し続けることの大切さ　１－（２）勤勉・努力

（4）　主題観

児童が自立し、よりよく生きていくためには、自分がやらなければなら

いただく命 ～ぼくらは生かされている～

ねらい	たくさんの生命に支えられて生きていることに感謝し，前向きに生きていこうとする態度を養う。

児童の意識の流れ	意識の事前把握	道　徳　の　時　間	見取りの活動
自分 自分のめあてをもち，目標に向かって努力することは大切なんだ。	ぶどう作りにチャレンジしよう 【総合的な学習の時間における道徳教育の視点】 上井田ぶどう園での収穫体験を通して，収穫できるまで粘り強く努力しようとする心情を養う。	**ひとつぶのぶどうにこめた思い** １－（２）勤勉・努力 最後までやりぬくことの大切さに気付き，あきらめず努力しようとする心情を養う。	ぶどう作りにチャレンジしよう 【総合的な学習の時間における道徳教育の視点】 ぶどう作りの作業をまとめることを通して，努力し続けることを大切にしようとする態度を育てる。
仲間 相手の気持ちを考えて，人にやさしくしていこう。	植物を育てよう（２） 【理科における道徳教育の視点】 友だちと協力して，畑作りや土作りをし，継続して植物の世話をしようとする心情を養う。	**お花をどうぞ** ２－（２）思いやり・親切 相手の気持ちを考えて行動することの大切さを知り，人に親切に接しようとする心情を養う。	みんなで思いを伝え合おう 【学級活動における道徳教育の視点】 自分たちの生活の中にある課題を見つめ，お互いの思いを伝え合い，相手のことを考えて行動しようとする態度を育てる。
生命 生命って，大切なものなんだ。	ちいちゃんのかげおくり 【国語科における道徳教育の視点】 命の尊さについて考え，人々が心安らかに生活できる平和な状況を大切にしていこうとする心情を育てる。	**ありがとう「オモチ」** ３－（２）生命尊重 生き物の死を通して，生命の尊さを感じ取り，生命のあるものを大切にしようとする心情を養う。	目を大切にしよう 【学級活動における道徳教育の視点】 目の健康に関心をもち，自分の体や健康を大切にしていこうとする態度を育てる。
社会 わたしたちは，たくさんの命に支えられて生きているんだ。	ぶどう作りにチャレンジしよう 【総合的な学習の時間における道徳教育の視点】 ぶどうの収穫までの体験を地域の方との交流を中心にまとめる活動を通して，ふるさとを大切にしようとする心情を養う。	**祭りだいこ** ４－（５）郷土愛 地域の行事や活動に興味をもち，ふるさとを大切にし，積極的にかかわろうとする心情を養う。	田幸フェスティバル 【行事における道徳教育の視点】 お世話になっている地域の人たちに，感謝の気持ちを伝える活動を通して，ふるさとの人や自然を大切にしようとする態度を育てる。

わたしたちは，たくさんの生命に支えられて生きているんだ。

ないことをしっかりとやり抜くことが大切である。より高い目標を立てたり、自分としての夢や希望を掲げたりして、その達成や実現のために、強い意思をもって粘り強く取り組むことができる力は、今後の人生を大きく左右する。

目標に向かって努力し成功する体験を積み重ねることも子どもたちのやる気を高めるが、それ以上に失敗や挫折を通して学び、それを克服する体験が子どもたちを大きく成長させる。自分自身の体験だけではなく、周囲の人々の姿を見たり、体験談を聞いたりすることを通して学ぶ場面も重要な意味をもつと考える。

３年生という発達段階は、運動能力や知的な能力が大きく発達することに合わせ、社会的な活動能力の広がる時期である。このような時期に、総合的な学習の時間の学習活動でぶどう作りを教わっている地域の方の生き方を教材化し、学ぶことは非常に有意義であると考えた。目標に向かって努力し続けることの大切さを身近な人の存在を通して考えることで、前向きにがんばろうとする心情を高めることができると考える。

（５） 児童観

本学級の児童は、明るく活発で、学習や運動などに意欲的に取り組むことができる。新しいことに対しても積極的にチャレンジしようとする姿が多く見られる。その反面、初めは意欲満々で取り組み始めても、困難な場面にぶつかると、簡単にあきらめたり、意欲を失ってしまったりすることも少なくない。

そんな中、３年生から始まった総合的な学習の時間で、ぶどう作り体験を通して学ぶ活動に大変意欲的に取り組んできた。校区内でぶどう園を経営されている黒瀬さんとの出会いを喜び、いっしょに作業する日を心待ちにしていた。暑い中で行うことが多かったぶどう作りの様々な作業にも、粘り強く取り組む姿がみられた。天候など日々変化する自然条件を相手に行うぶどう作りの活動を通じて、作業の大変さなどを感じることができつつある。

（6）　指導観

本資料は、田幸地域の特産物として知られるようになったぶどう作りを題材にした自作資料である。総合的な学習の時間でお世話になっている黒瀬さんからの聞き取りをもとに作成している。長年続けていた車の部品を作る工場での仕事を辞め、ぶどう作りの仕事を引き継いでからの苦労と、それを乗り越えるために前向きに取り組む黒瀬さんの姿を描いている。様々な困難にぶつかっても常に前向きに考え乗り越えようとする黒瀬さんの心情に迫っていくことを通して、努力し続けることの大切さについて考えることができる資料である。

指導に当たっては、展開中段では、総合的な学習の時間で行ったぶどうの収穫体験を想起させて考えさせる。収穫の喜びと対比させて、収穫できなくて落ち込んでしまう心情に十分共感できるようにする。

中心場面では、「ひとつぶのぶどう」を大切にしようと努力し続ける姿から、ねらいとする価値について考えさせたい。失敗したことやアドバイスなどを毎日日記に書いたり、朝早くからぶどうの木を見て回ったり、毎日の小さな努力の積み重ねが、最後の場面での笑顔につながっていることに焦点を当てて練り合わせたい。

そして、練り合った後で、ゲストティーチャーとして招いた黒瀬さん本人から、「毎年がぶどう作りの１年生だ」という言葉に込められた思いを中心に語っていただく。常に自分を向上させようとする思いを聞き、終末の活動へとつなげていく。

終末では、黒瀬さんへの手紙を書く活動を取り入れる。黒瀬さんの話から学んだことを手紙にまとめる活動を通して、粘り強く努力することの大切さを改めて自分の言葉で整理させ、最後までやり抜こうとする実践意欲へとつなげていきたい。

（7）　プログラムの中での道徳授業の位置づけ

集団構成的体験活動との関連として、総合的な学習の時間の単元「ぶどう作りにチャレンジしよう」の学習を設定した。事前活動においては、９

月中旬の上井田ぶどう園での収穫体験活動を取り上げた。広いぶどう園での作業を通して、育てる過程での苦労に対する意識を把握したい。

また、事後の見取り活動では、収穫後の作業の体験活動を取り上げた。ぶどう作りの仕事は、収穫したら終わりではなく、次の年に向けた準備へとつながっていくことを知り、たゆまぬ努力が必要なことを感じ取らせ、道徳的実践力をつけていきたい。

(8) 本時のねらい

困難にぶつかってもあきらめずにぶどう作りを続けている黒瀬さんの思いを考えることを通して、努力し続けることの大切さに気付き、前向きにがんばろうとする心情を養う。

(9) 学習過程

段階	学習活動	主な発問と児童の心の動き	支援(◎)と評価(★)
導入	1　これまで行ってきたぶどう作りの活動をふりかえる。	○今までのぶどう作りの活動をふりかえってみましょう。 ・たくさんの作業 ・ほとんどが手作業 ・朝早くから夜遅くまで働く 【し……知っている(経験)ことから】	◎ぶどう作りの活動場面の写真を提示し、資料への関心を高め、学習の雰囲気を作る。 ◎エンジンの部品作りの工場での仕事と比較できるようポイントを板書する。(板書①)
展開	2.「ひとつぶのぶどうにこめた思い」を読み、話し合う。 ①ぶどう作りの仕事をつぐことに決めた黒瀬さんの気持ちを考える。	○「ひとつぶのぶどうにこめた思い」を聞いて、話し合いましょう。 ○黒瀬さんは、ぶどう作りの仕事をつぐことを決心したとき、どんな気持ちだったでしょう。 ・長い間勤めた工場をやめたくない。 ・慣れているし、このまま続けたい。 ・うまくできるか不安だ。 ・誰かがつがなくてはいけない。 ・家族のためにも自分がやろう。	◎資料は場面ごとに分割提示を行う。(3場面に分割) ◎工場での仕事を続けたいという気持ちとぶどう作りをつがなくてはという気持ちの間で悩む黒瀬さんの心情に共感させる。 ◎悩んだ末に、自分で決めたということも押さえる。(板書②)

展開	②収穫を楽しみにしていたぶどうがうまく育たなかったときの黒瀬さんの気持ちを考える。	○収穫を楽しみにしていたぶどうがうまく育たなかったとき、黒瀬さんはどんな気持ちだったでしょう。 ・暑さのせいだ。仕方ない。 ・仕事をやめてしまいたい。 ・お客さんのことを考えると、このままじゃいけない。 ・あきらめずにがんばろう。 ・うまくいくように、何とか工夫してみよう。	◎体験活動を想起させ、袋かけや収穫したときのわくわくする気持ちと比較させて、落ち込む気持ちを考えさせる。 ◎「お客さんのために」ということに着目させ、落ち込む気持ちだけでなく、がんばろうとする気持ちも押さえる。（板書③）
	③笑顔になった黒瀬さんの気持ちについて考える。	◎お客さんのうれしそうな笑顔を見て自然と笑顔になった黒瀬さんは、どんな気持ちだったでしょう。 ・うれしい。ホッとした。 ・お客さんが喜んでくれてよかった。 （基本的理解） ・こつこつ努力してよかった。 ・あきらめずにがんばったから、喜んでもらえるものができた。 （主観的理解） ・「ひとつぶ」を大切にしようと努力し続けてよかった。 ・来年もお客さんに喜んでもらいたい。 ・これからも努力を続けて行こう。 （客観的理解） 【み……見つける】	◎日記の実物などを活用し、苦労や努力したことのイメージを膨らませる。 ◎ワークシートに記入させることにより、考えをまとめさせる。 ◎児童の考えを３段階で把握し、意図的指名を行う。 ◎エンジン作りの時の「１つ」を大切に考えたことに着目させ練り合わせる。（板書④） ★黒瀬さんの行動や思いを通して、粘り強く努力することの大切さに気付いているか。 （発言・ワークシート）
	３　自分の生活を振り返る。（内省化）	○黒瀬さんの話を聞きましょう。 ・お客さんの笑顔を楽しみに努力を積み重ねていること ・「毎年がぶどう作りの一年生なんですよ」という言葉への思い 【よ……よりよい生き方を比較して考える】	◎話してもらう内容について事前に打ち合わせをしておく。 ◎直接話をしてもらうことで、終末の手紙を書く活動にスムーズにつなげていけるようにする。

終末	4　手紙を書く。	○黒瀬さんのことを勉強したり、今話を聞いたりしたことをもとにわかったことを手紙に書きましょう。	◎手紙は、後日届けることを基本とするが、状況をみて、書けているところまで発表させる場合も考えておく。

（10）　板書計画

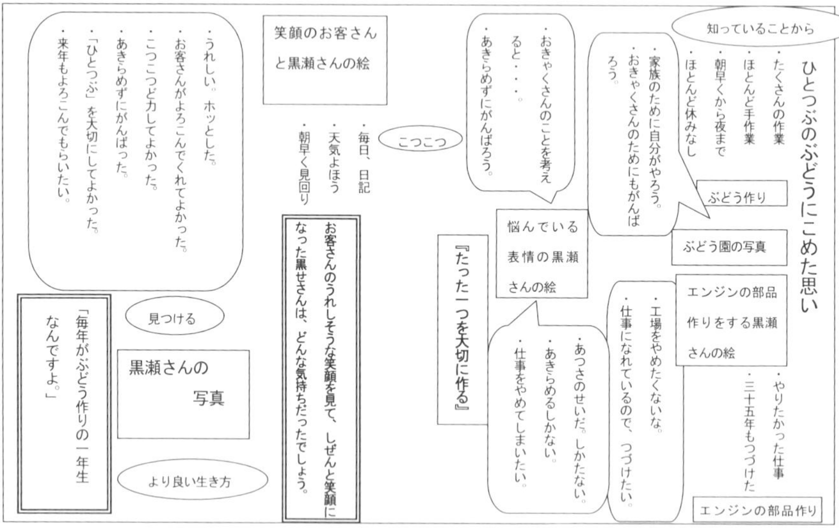

ひとつぶのぶどうにこめた思い
知っていることから
・たくさんの作業
・ほとんど手作業
・朝早くから夜まで
・ほとんど休みなし
ぶどう作り
ぶどう園の写真
エンジンの部品作りをする黒瀬さんの絵
・やりたかった仕事
・三十五年もつづけた
エンジンの部品作り
・家族のために自分がやろう。
・おきゃくさんのためにもがんばろう。
・工場をやめたくないな。
・仕事になれているので、つづけたい。
・おきゃくさんのことを考えると・・・。
・あきらめずにがんばろう。
悩んでいる表情の黒瀬さんの絵
・あつさのせいだ。しかたない。
・あきらめるしかない。
・仕事をやめてしまいたい。
『たった一つを大切に作る』
こつこつ
笑顔のお客さんと黒瀬さんの絵
・毎日、日記
・天気よほう
・朝早く見回り
お客さんのうれしそうな笑顔を見て、しぜんと笑顔になった黒せさんは、どんな気持ちだったでしょう。
・うれしい。ホッとした。
・お客さんがよろこんでくれてよかった。
・こつこつど力してよかった。
・あきらめずにがんばった。
・「ひとつぶ」を大切にしてよかった。
・来年もよろこんでもらいたい。
見つける
黒瀬さんの写真
より良い生き方
「毎年がぶどう作りの一年生なんですよ。」

板書④　　板書③　板書②　板書①

（11）　資料

ひとつぶのぶどうにこめた思い　（山田聖児作）

【1】

これは、田幸小学校の3年生が、ぶどう作りを教えてもらっている黒瀬隆則さんのお話です。

黒瀬さんが高校生だったころ、もともと山だった場所を切り開いて、上井田ぶどう園ができました。黒瀬さんは、お父さんたちが一生けんめいぶどう作りをする姿を見て育ちました。

黒瀬さんは、高校を卒業するとき、車にかかわる仕事がしたかったので、ぶどう作りの仕事を継がずに、車のエンジンの部品を作る工場に勤めることにしました。それから、35年以上の長い間、車のエンジンの部品を作る仕事に一生けんめい打ち込みました。

ところが、黒瀬さんが54才になった年に、「会社を辞めて、ぶどう園の仕事をついでほしい」と家族から頼まれました。元気で働いていたお父さんたちも年をとり、ぶどう作りの仕事を続けていくのが大変になっていたのです。黒瀬さんが継がなければ、ぶどう作りはやめるしかありません。

上井田ぶどう園には、毎年ぶどうを買いに来るのを楽しみにしているお客さんがたくさんいました。黒瀬さんは悩んだ末に、そのお客さんたちのためにも、長い間続けたエンジンの部品作りの仕事をやめて、ぶどう作りの仕事を継ぐことを決心しました。

【2】

エンジンの部品を作る仕事では、作り方を考えなくても、勝手に体が動き、すばやく組み立てることができるくらいになれていました。でも、ぶどう作りの仕事は、時々手伝いをしたぐらいでしたので、うまくできるか不安でいっぱいでした。

それに、工場に勤めているときは、働く時間が決まっていたし、１週間に２日の休みもありました。でも、ぶどう作りの仕事は、忙しい時期には、夜が明けるとすぐに仕事が始まり、日が暮れるまで続き、ほとんど休みもありませんでした。生活のリズムが大きく変わって、なれるのにとても苦労しました。

そして、不安も的中しました。なかなか満足できるようなぶどうができなかったのです。

「つぶが大きくならないのは、どうしてだろう。」

「甘みがたりない。どうすればおいしくなるんだろう。」

うまくいかないことばかりで、周りの人たちに教えてもらうことがたくさんありました。

何年かたったある年、ふくろかけをするころまでは今までで一番順調に育っていました。秋の収穫がとても楽しみでした。ところが、とても暑い夏だったせいか、収穫するころには、いつもの年よりも実が小さく、できる量も少なくなりました。

「暑さはどうすることもできない。しかたがない……。」

と黒瀬さんは、つぶやきました。でも、ふとお客さんの顔が頭に浮かび、

「暑さのせいにして、あきらめてしまっていいのか……。」

と考え込みました。

【3】

　そんなとき、エンジンの部品作りをしていたときに心がけていた『たった1つを大切に作る』という言葉が頭に浮かびました。それは、部品を1万個作ったとしても1個の失敗もゆるされない。なぜなら、作る側の自分にとってはたくさん作った中の1つでも、お客さんにとっては大切なたった1つだからだ、という意味です。

「そうだ、エンジンの部品作りも、ぶどう作りも同じじゃないか。」

　黒瀬さんは、顔を上げました。そして、工場に勤めていたとき、1つも失敗しないために、組み立て方のコツや困ったときのやり方など、メモしていたことも思い出しました。それから黒瀬さんは、ぶどう作りのことを、毎日、日記に書くことにしました。日記には、失敗したこと、うまくいったこと、そして、仲間に教えてもらったことなどを忘れないようにメモしました。ぶどうを作るのに一番大切な天気の様子も、毎日忘れずにチェックするようにしました。また、毎朝早くからぶどう園の中の様子を見てまわったり、いろいろな人にアドバイスをもらったりして、これまで以上にぶどうの作り方をしっかりと研究しました。そうやって、こつこつと世話を続けました。

　1年がたったある夏の日。その年も、去年と同じくらい暑い夏でした。

「こんにちは。今年も黒瀬さんの作ったぶどうを買いに来たよ。」

「いらっしゃい。」

　黒瀬さんは、朝収穫したばかりのぶどうの実をお客さんに差し出しました。

「うわあ、おいしい。最高じゃ。」

　お客さんのうれしそうな笑顔がはじけました。お客さんの笑顔を見ると、黒瀬さんも自然と笑顔になりました。毎日つけた日記が役に立ち、今年は収穫まで順調に育てることができたのです。

　お客さんから、

「黒瀬さんは、ぶどう作りのプロですね。」

と声をかけられました。でも、ぶどう作りを受け継いで7年目になる黒瀬さんは、

「いやいや、毎年がぶどう作りの1年生なんですよ。」

とはっきり答えました。

※本資料は、総合的な学習の時間の活動で「ぶどう作り」を教えてくださったぶどう栽培農家の黒瀬さんに聞き取りを行い、山田聖児が作成した資料である。

（12）　授業の実際

授業を進めるに当たっては、黒瀬さん本人をゲストティーチャーとして招き、児童に感じ取らせたい心情についてより深く考えることができるようにしたいと考えた。また、それと同時に、本校で取り組んでいる道徳学習プログラムについて、保護者への理解を広げるというねらいも持って、保護者にも参観してもらう形で授業を展開した。

そのため、事前に総合的な学習の時間での「ぶどう作り」の活動の様子を、学級通信などを活用しながら、保護者にできる限り伝えるように取り組んだ。

道徳学習プログラムの一環であるこの資料を提示する上で、事前の体験活動との関連性を持たせるために、導入部分では、総合的な学習の時間に取り組んだ「ぶどう作り」の学習の様子を想起させた。

【導入】

Ｔ：今までのぶどう作りの活動をふり返ってみましょう。どんな作業がありましたか。
Ｃ：ふくろかけ作業がありました。
Ｃ：ふさづくりや摘粒（てきりゅう）の作業がありました。
（作業の様子の写真を何枚か提示し、イメージを膨らませる）
Ｔ：その作業をして、みんなはどんな風に感じましたか。
Ｃ：とても、楽しかったです。
Ｔ：楽しかったですよね。でも……。黒瀬さんのぶどう園は広かったですよね。
Ｃ：作業は、ほとんどが手作業だったので大変だなあと思いました。
Ｃ：長い時間やっていると、首が痛くなりました。
Ｃ：朝早くから、夜遅くまで続く作業なのでつかれるだろうなと思いました。
Ｔ：今日は、黒瀬さんも来てくださっていますが、黒瀬さんのお話を学習します。　　（展開へ）

児童が体験した作業は、毎日続くたくさんの作業の中の一部分であるため、作業の大変さにはなかなか気づかない状況であった。そのため、事前の活動の中で、作業の大変さを実感できる場面や、黒瀬さんに苦労を語ってもらったりする場面を意図的に仕組んでおいた。そのことが生かされて、部分の発問をすることで経験を通して思い出し、作業の大変さについても想起することができた。

展開においても、自分の経験を通して考えるよう補助発問を考えた。自分たちが「大きくおいしいぶどうに育ってほしい」という願いを込めてふくろかけをした経験とつなげて考えることで、順調に育っていたぶどうがうまく育たなくて落胆する黒瀬さんの心情に共感することができた。

【展開】

T：収穫を楽しみにしていたぶどうがうまく育たなかったとき、黒瀬さんはどんな気持ちだったでしょう。
C：どうしてうまく育たなかったのだろう。
C：収穫を楽しみにしていたのに。
（あまり意見が広がらなかったので、補助発問をする）
T：みんなも願いをこめて、ふくろかけをしましたよね。そのぶどうがうまく育たなかったら、どんな気持ちになるでしょう。
C：うまくできると思ったのに、すごく悲しい。
C：がっかりして、作るのをやめようと思ったかもしれない。
C：お客さんのためにも、がんばろうと思った。
C：暑さのせいだから、仕方なかったんじゃないかな。
T：みんなが言うようにすごく落ち込んだ気持ちになったでしょうね。黒瀬さんは、この後どうされたでしょうね。（中心発問へ）

自分の体験を通して考えることで、うまく育たなくて残念だと思う気持ちに深まりが感じられた。体験活動と道徳の時間とをつなぐことを意識したプログラムのよさを感じる場面である。

中心発問の場面では、自分の考えをまとめるために、ワークシートに書く活動を取り入れた。その際、机間指導をしながら、児童の考えを記述内容によって、「基本的理解」「主観的理解」「客観的理解」の３段階に分けて把握した。

【中心発問】

T：お客さんのうれしそうな笑顔を見て、自然と笑顔になった黒瀬さんは、どんな気持ちだったでしょう。

【「基本的理解」と判断したもの】

C：お客さんの笑顔を見ることができてほっとした。

C：今年はいいぶどうができてよかったという気持ち。

C：おいしくて甘いぶどうができてうれしいと思った。

C：お客さんが喜んでくれたからうれしかったと思う。

【「主観的理解」と判断したもの】

C：日記を毎日つけたり、朝早くから見て回ったりしたから、おいしいぶどうができた。

C：人間は、がんばってあきらめずにやればできるんだと思ってうれしくなったと思う。

C：メモをとったり、研究したりして努力してよかった。

【「客観的理解」と判断したもの】

C：来年は、もっとおいしいぶどうを作りたいと思った。

C：エンジン作りの仕事のときを思い出して、「たったひとつ」を大切にしようと思ったからよかった。

C：まだ、自分のお父さんほど上手にはできないけど、もう少しだからがんばろう。

意見交流では、価値の高まりを感じられる展開を意識して、「基本的理解」の考えを書いた児童から意図的に指名し発表させた。資料の内容を読めばわかることを中心とした考えを「基本的理解」、自分の経験や思いとして理解し主人公（相手）の立場に立った考えを「主観的理解」、他者や異なる立場の考えを理解し主体化・行動化につながる考えを「客観的理解」と分類し、ステップアップするように発表させた。児童の発言の際に肯定的評価を加えながら、構造的に板書するように取り組むことで、ワークシートの内容を発表した後の意見交流に役立つことも多い。

T：友だちの発表を聞いて、いいなと思った意見はありますか。
C：人間はあきらめずにやればできるんだという意見がいいなと思いました。黒瀬さんは、ずっとあきらめなかったからです。
C：来年はもっとおいしいぶどうを作りたいという意見を聞いて、わたしも同じ気持ちです。

意見交流を終えた後、資料の中にある黒瀬さんが言われた「毎年がぶどう作りの１年生なんだよ」という言葉にこだわり、「毎年が１年生なんだよってどういう意味なんだろう」と児童に問いかけ、少し考えさせてから、ゲストティーチャーの黒瀬さんからの話へとつなげた。黒瀬さんの話は、努力を続けることの大切さにぐっと迫る内容の話であった。「収穫が終わると、みんながもらう通知表のようなものを、自分自身でつけて、来年のぶどう作りに役立てるようにしているんですよ。みなさんは、小学３年生だから、今しっかり勉強していると思うけど、大人になってもずっと勉強だよ。おじさんもぶどう作りを今、ずっと勉強している。まあ、死ぬまで一生勉強だと思うよ。」

児童は、ぶどう作りを教わったやさしい黒瀬さんの言葉を真剣に聞いて、学習の振り返りとして、黒瀬さんへの手紙を書いた。

【学習の振り返り】

黒瀬さんからの聞き取りをもとに作成した「ひとつぶのぶどうにこめた思い」の内容や授業の終末で聞いた黒瀬さんのお話を通して、自分の心の中に残ったことを「黒瀬さんへの手紙」として児童一人ひとりが書いた。

○わたしは、黒瀬さんの話を聞いて、「たった１つを大切にする」ということがいいなと思いました。わけは、お客さんのことを考えると、エンジンでもぶどうでも買ってくれる人にとっては、大切な１こだから、１つの失敗もしないようにすることが大事だと思ったからです。
○ぼくは、黒瀬さんの「毎年がぶどう作りの１年生なんだ」という言葉の意味がわかった気がしました。黒瀬さんはもう長い間ぶどう作りをしているけど、毎年新しい気持ちでチャレンジしているんだなと思ったし、１年生のようにわくわくするような気持ちでいつもがんばっているんだとわかりました。
○ぼくは、「大人になっても一生勉強」という言葉が心に残りました。苦手な勉強もあるので、ずっと勉強をするのはちょっといやな気持ちもあるけど、大人になったら自分で決めてやりたいことをずっと勉強したいと思いました。ぼくは、今野球をがんばっているので、あきらめずに努力を続けたいと思います。

(13) 道徳学習プログラムにおける事後活動への広がり

事後活動では、ぶどう作りの作業をまとめる学習活動に取り組んだ。作業の体験を通して学んだことを新聞の形にまとめ、多くの人に伝える活動である。児童が、まとめる際にテーマとして考えたのは、次の３つである。

１つ目は、「おいしいぶどうができるまで」である。ぶどう作りの作業の順序だけでなく、それぞれの作業のもつ意味や苦労など、黒瀬さんから聞いた話をもとにまとめた。

２つ目は、「おいしさのひみつ」である。自分たちの生活する「ふるさと田幸」が自然豊かで、ぶどう作りに適した気候であることや、おいしいぶどうを作るために努力を続けるすばらしい人がいることなどを取り上げてまとめた。

３つ目は、「ひとつぶのぶどうにこめた思い」である。黒瀬さんとの触れ合いの中で聞いたたくさんの言葉の中から、児童が「心に残った言葉ベスト３」を選び、まとめた。児童が選んだのは、「たった１つを大切に作る」、「毎年がぶどう作りの１年生なんだよ」、「大人になっても一生勉強」の３つの言葉であった。それぞれの言葉に込められた黒瀬さんの思いを児童なりに表現し、自分たちの考えを付け加えてまとめた。

仕上がった作品は、地域の農業文化祭で展示し、たくさんの人に見てもらった。「ふるさとの人々から学び、自分の生き方を見つけよう」とする活動として、「よい活動をされていますね。」というような評価の言葉をいただいた。

コラム③

役割演技の活用法

役割演技は、小学校の低学年から中学生まで幅広く活用できる、役割取得を促す方法のひとつである。授業で使ってみたいと思っている先生方に、３種類の活用方法を示したい。ここでは、よく使われる「いのりの手」を例にあげる（学研『みんなのどうとく４年』等参照。学習指導案は第３章第１節参照。）

（1）主人公の立場を演じる方法

授業のヤマ場や中心発問で、主人公の考えを深めたいときに使う。児童生徒に主人公役をやってもらい、相手を先生がやって、主人公の悩み、葛藤、決断などに気づくようなやりとりをする。その役になりきって、役割演技でなければ出せない思いに気づかせるのがコツである。

「いのりの手」でいえば、主人公のハンス役を児童生徒が演じる。教師は状況を説明し、児童生徒がハンスの気持ちになりきれるように支援する。ここでは中心発問のところを取り上げる。教師がデューラー役を演じ、ハンスに問いかける。

教師：「ハンス、ぼくのために絵が描けなくなってしまったんだね。」

ハンス役：「大丈夫だよ。ぼくはデューラーが画家になってくれてうれしいよ。」

教師：「ハンス、早く画家になれなかった僕を許してくれ。」

ハンス役：「ぼくは君を信じて良かったよ。ありがとう。」

教師：「ハンスの役をやってみて、どんな気持ちになりましたか。」

最後にハンス役の児童生徒の気持ちの深まりを尋ねるとよい。大体２～３組を目安に役割演技を行うと、次第に友情・信頼への価値へと児童生徒の考えが深まっていく。

（2）主人公の立場と相手の立場を入れ替わって演じる方法

授業のヤマ場で、相手の立場に立つことを促したいときに使う。児童生徒に主人公役と相手役を、立場を交代して演じてもらう。立場が変わったらどのように考えが変わったか、それぞれの児童生徒に尋ねるのがコツである。

「いのりの手」でいえば、主人公のハンス役とデューラー役を児童生徒が演じる。教師はハンスとデューラーが置かれた状況を説明し、それぞれの気持ちになりきれるように支援する。ここではヤマ場の場面を取り上げる。

ハンス役：「こんなに働いてお金を送っているのに返事が来ないと心配になるよ。」

デューラー役：「ごめんね。手紙を出せないほどがんばって勉強しているんだよ。」

教師：「役を交代しましょう。」

ハンス役：「ちゃんと勉強できているか心配だよ。」

デーラー役：「早く勉強を終えてハンスと交代したいんだよ。」

教師：「役を交代してみて、気持ちが変わりましたか。」

児童生徒：「ハンスのときは手紙を書いて欲しいと思ったけど、デューラーになってみて、手紙を書けないほどハンスのためにがんばっているんだなと思いました。」

児童生徒：「デューラーのときはハンスに悪いなと思ったけど、ハンスになったら自分のことは気にせず勉強して欲しいと思いました。」

役割演技を終えるたびに演技者の気持ちの変容を尋ね、先生が「ハンスが心配な気持ちがわかりましたね」、「デューラーとハンスがお互いを心配していることがわかりましたね」のようにコメントをすると、より児童生徒の考えが深まっていく。2〜3組行えば、十分である。

（3）主人公の葛藤をふたりの児童生徒が演じる方法

授業のヤマ場で使い、主人公の正負両面を引き出して考えを深めたいときに使う。特に高学年や中学生で効果的な方法である。主人公の葛藤、悩みをふたりの児童生徒が演じ、内面を深く掘り下げていくようにするのがコツである。

「いのりの手」でいえば、「仕送りを続けたいハンス」役と「仕送りをやめたいハンス」役とに分かれる。教師は状況を説明し、児童生徒がハンスの葛藤や悩みをうまく出せるように支援する。ここではヤマ場の場面を取り上げる。

やめたいハンス役：「デューラーからは手紙が来ない。本当に勉強しているのかな。もう仕送りをやめようかな。」

続けたいハンス役：「いや、きっとデューラーは勉強しているよ。」

やめたいハンス役：「このままでは、ぼくはもう画家になれないよ。」

続けたいハンス役：「だって約束したじゃないか。信じて待とうよ。」

教師：「やめたいハンス役の人は、続けたいハンス役の人の意見を聞いてどう思いましたか。続けたいハンス役の人は、やめたいハンス役の人の意見を聞いてどう思いましたか。」

教師は、人間の中にある正負の両面を出させながら、ハンスがなぜ送り続けたのか深く考えさせるようにする。児童生徒は、主人公に正負両面の気持ちがあることを知り、自分や友だちに対する許しの感情を持つことができるようになる。どちらの役なのか混乱することがあるので、名前札などの教具を用意しておくとよい。２～３組行えば十分である。

これら以外にも、いろいろな方法がある。大切なことは児童生徒が心をひらいて自分の意見、考えや思いが十分に言えるようにすることである。特に思春期の児童生徒は、周りからの視線を気にして、なかなか自分の意見、考えや思いが言えない時期にある。そのような時期の子どもに役を与え、「役だから言ってごらん」と促すことで、普段は言えない言葉を引き出すこともできるのである。

（鈴木由美子）

第４章　小学校高学年の道徳授業

【解説】

小学校高学年の児童は、思春期の入り口にあります。思春期特有の心の揺れや人間関係に悩み始める時期でもあります。このような時期には、教材そのものに心の揺れや葛藤を含む内容を取り上げるとともに、心の奥底に深くひびく質の高い内容を取り扱うことが大切です。

このころの児童は相互的思考をします。自分の視点と他者から見た自分の視点との違いがわかりますが、それを調整するための具体的な手立てを十分に持っていません。そのため、力あるものの意見に従ったり、自分は無関係といった態度をとったりしがちになります。この時期には、意見の違いをうまく調整して、もうひとつの解決案や妥協案を持つことができるように指導することが大切です。子どもの思考は次第に複雑になっていきます。小学校４年生ごろまでの児童は、教師や親の考えをよりどころとしています。表面的にどのようであったとしても、根本のところでは大人の影響が強いです。小学校高学年になってくると、それだけではないことがわかってきます。このことは、道徳においてだけでなく、他教科などにおいてもいえることです。たとえば、算数では正比例、反比例の両方の考えを学びます。同じ現象が、ある面から見れば正比例であり、多方面から見れば反比例だということがわかってくるのです。理科でもそうです。空気でっぽうの玉が飛ぶ原理についての調査では、小学校４年生の児童はほぼ答えを間違えませんが、小学校高学年では、迷いが出てきます。考え方が深まると思考が複雑になり、結果として導き出した答えに多様性が出てくるということなのです。ですから、現象としての目に見える事実にのみこだわらず、児童の行為の奥にある、児童を突き動かした原理を知ることが大切です。高学年では、人間を理解する深いまなざしが、教師に必要とされるのです。

第1節の心情タイプの道徳授業は、広い心で人を許すことの大切さを考えさせる教材です。ビクトル＝ユーゴー作『レ・ミゼラブル』の一部を取り上げることで、燭台を盗んだことを許された主人公ジャン＝バルジャンの心の動きを考えさせる、深い人間愛を取り扱った作品です。盗んだ過ちを許しただけでなく、燭台まで差し出した司教の寛大な心にふれ、ジャン＝バルジャンが心を清めていくこの作品は、読む児童に深い感銘を与えることでしょう。人を許すとはどういうことか、許されるというのはどういうことか、深く考えることを通して、日常のささいな過ちや仲違いを許し合い、温かい人間愛で関係作りをしようとする心を育むことでしょう。こうした、優れた文学作品を取り上げることも、高学年の時期には有効です。

第2節の、心情ジレンマタイプの道徳授業は、公平であることの難しさと大切さについて考えさせる教材です。自分のチームが勝つこと、それは高学年の児童にとっては友だちとの関係を大切にすることでもあります。しかし審判は、どのチームに対しても公平でなければなりません。自分たちが行っているゲームの根底に、誰にとっても公平なルールがあるのです。それがあるからこそ、一生懸命がんばることができるのです。自分のチームの勝利よりも、勝ち負けを超えて重視すべきこと、つまり誰にとっても公正・公平であることを選んだ主人公の姿から、公正・公平に生きることの難しさと大切さを感じ取ることでしょう。

第３節は、プログラムタイプの道徳授業です。ここでは、小学校と中学校が連携して行った実践を取り上げています。１ページ目に全体のプログラムの構造図をあげています。２ページ目からは、その中の道徳授業を取り上げています。

１ページ目の構造図を説明します。左から、第１段階、第２段階、第３段階と並べられています。第１段階は生命尊重の価値への意識付けの段階、第２段階は中学生と連携して行う「三良坂つながり学習」の体験的な活動と道徳の時間に関連を持たせ、生命尊重の価値を高めていく段階、第３段階はこれまでの学習をもとに道徳の時間において生命尊重の価値を深める段階です。

このプログラムの特徴は、道徳の時間、特別活動と総合的な学習の時間が「命を育む」という観点から有機的に結合されていること、小学校５、６年生と中学１年生が、５年、６年、７年というように捉えられ、小中一貫プログラムを意識したプログラムになっていることです。これらを通して、小学生、中学生は、小学校から中学校へ、さらには地域に住む人びととの命のつながりを意識します。小学校、中学校の９年間を通して命の大切さを学ぶこのプログラムは、レインボープログラムと名づけられ、小学校と中学校とをつなぐ架け橋の意味が込められています。その根幹は、命をつなぐことです。

１回目の道徳の時間には「おかあさんへの手紙」をとりあげ、精一杯生きようとする意欲をもたせるようにします。特別活動の時間をはさんで、「三良坂つながり学習」を総合的な学習の時間に行います。総合的な学習の時間には、小学校５年生、６年生、中学校１年生が合同で学習をします。総合的な学習の時間を行っている期間に、道徳授業として、「神父さんはマスクマン」、「ミレーとルソー」、「花かげの花守りたち」を行います。「神父さんはマスクマン」では、目標に向かって努力することの大切さを学びます。「ミレーとルソー」では、相手の立場を考え思いやりを持って行動することの大切さを学びます。「花かげの花守りたち」では、ふるさとを守る多くの人たちのことを知り、ふるさとに住む一員としての自覚をもたせます。そして、第３段階として「涙そうそう」について学び、共に生きる意欲をもたせます。

このプログラムは、小中学校の連携、または一貫教育によって可能になるものといえましょう。でもまた、小学校だけ、あるいは中学校だけでも展開できるプログラムだともいえましょう。教師が、全体構造を頭の中に描きながら道徳授業を行うことで、単発の授業にはない深みが出るといえます。

このように小学校高学年では、思春期の子ども特有の複雑な感情や関係理解の深まりを大切にして、子どもたちと正面から向かい合うことが必要とされます。本物の資料のもつ強さに着目し、人間が生きることの重みと喜びに気づかせることが、この期の道徳授業において大切なことです。

第１節　心情タイプの道徳授業の展開

１．学習指導案と授業展開

（1）　対象学年　小学６年

（2）　資料名　銀のしょく台（文渓堂）

（3）　内容項目　広い心で　２－（４）寛容

（4）　主題観

豊かな人間関係を築くためには、謙虚な心と広い心が重要である。誰でも過ちを犯すものであるとの自覚があるからこそ、広い心で他者の過ちを許すことができる。自分に対する謙虚さがあるからこそ他者に対して寛容になることができる。しかし、私たちは自分と異なる意見や立場を受容しかねるなど、自分本位に陥りやすい弱さをもっている。自分を謙虚に捉え、他者の過ちを許す態度や相手から学ぼうとする広い心をもつことは大切である。

（5）児童観

この時期の児童は、自律的な態度の発達に伴い判断力が増し、相手の身になってともによりよく生きようとする態度が身に付いてきている。反面、自分の価値判断に固執しがちである時期でもある。このような時期だからこそ、相手の意見を素直に聞き、相手の立場に立って考える態度を育てるとともに、広い心で受けとめ、対処することの大切さを考えさせることが求められる。

高学年児童は、相手のことを考えての行為ではなく、利害関係を重んじた行為につながる傾向が強い。そこで、児童に相手の立場に立つとはどういうことかを考えさせ、よりよい人間関係を築くことの大切さに気付かせたいと考える。

（6）指導観

本資料は、ビクトル＝ユーゴー作『レ・ミゼラブル』の感動的な一場面を取り上げたものである。ジャン＝バルジャンは19年間の刑務所生活を終え出所してきたが、誰からも敬遠され町をさまよう。やっとミリエル司教に温かく迎えられるが銀の食器を盗んでしまう。警官に見つかったジャンを前にしたミリエル司教は、「どうして銀のしょく台まで持っていらっしゃらなかったのか……」と笑顔で対応し、ジャンの無罪を主張する。しょく台を渡されたジャンは、自分を許す司教の言葉に手足をわなわなとふるわせるという内容である。

児童は、銀の食器を盗んだジャン＝バルジャンを広い心で受け入れ、怒るどころかさらに銀のしょく台まで与えるミリエル司教の広い心と寛容な態度に、深い驚きと感銘を覚えるであろう。ミリエル司教の言動を通して、なぜ司教はジャンを許したのか、人を許すとはどういうことなのかを考えさせていきたい。また、ミリエル司教の相手に対するその後の良い方向への変容に期待を込め、その人の過ちを責めないという態度にふれることにより、真の寛容に気付かせたいと考える。

指導にあたっては、はじめの基本発問により、貧困のために小さな窃盗をして投獄され、社会に対して激しい憎しみを抱いているジャン＝バルジャンのすさんだ心が、自分を部屋に迎え入れ、優しく大切に扱ってくれる司教の温かさに触れることにより、揺れ動き始めていることを捉えさせる。

中心発問では、司教のジャンに対する言葉に含まれる司教の心情に迫っていく。ジャンの行為を全くとがめることなく、逆に救おうとする司教の姿から、寛容の尊さや、ジャンの今後の変容に期待し信頼する心の広さに気付かせることにより、ねらいとする価値に迫っていきたいと考える。

中心発問後の基本発問では、司教の広い心がジャンの長い間冷え切っていた心を揺り動かしていることをつかませ、いっそう、寛容の素晴らしさに気付かせていく。また、「司教のどんな心が、こんなにもジャンの心を変えたのでしょう」と補助発問することで、人間愛に満ちた広い心について互いに考えを深めることができるのではないかと考える。

なお、ワークシートの活用やペアトークは、自分の思いを発言する手立てとしても有効であると考えられる。

原作によると、ジャン＝バルジャンは、枕元に置いた「銀のしょく台」の炎に祈りを捧げながら最期を迎えている。このことを終末で児童に知らせることで、いっそう資料への感動を高めるとともに、広い心に救われたジャン＝バルジャンの姿の想像を誘い、本時のねらいとする価値を温めることができると考えられる。

（7）本時のねらい

銀の食器を盗み、警官に連行されたジャンに対して、しょく台までも持っていくよう促したミリエル司教の気持ちを話し合うことを通して、広い心で人を許す尊さに気付き、人の気持ちや立場を大切にしようとする心情を育てる。

（8）授業評価のための基準

（○は気付かせたい考え、◎はできれば気付かせたい考え）

【児童の今の考え】

・相手がかわいそうだから、許した方がいい。
・自分にとって腹が立つことでも、許さないといけない。
・許すことによって、なかよしでいられる。

→

【気付かせたい考え】

○人の失敗やあやまちを許すことは、難しいけれどとても大切なこと。
○誰だって失敗やあやまちを犯すことはあるのだから、相手の気持ちや立場を考えていこう。
◎相手を受け入れて分かり合い、許し合うことで自分の心が成長する。
◎行為の善悪だけで許すかどうかが決められない時もある。

（9） 学習過程

段階	学習活動	主な発問と児童の心の動き	支援（◎）と評価（★）
導入	1　本資料に関する補足説明を聞く。	○皆さんは、ユーゴー作「ああ無情」を読んだことがありますか。簡単に紹介します。	◎ジャン＝バルジャンの生い立ちについて補足説明し、学習への関心をもたせる。（板書①）
展開	2　資料の範読を聞き、話し合う。 ○銀の食器のことが頭から離れず大きく揺れ動くジャンの心の内について考える。	○銀の食器のことが頭から離れないジャンは、大きく揺れ動く心の中でどんなことを考えているのでしょう。 ・どうしてもお金がほしい。 ・銀の食器を売ればお金が手に入るだろう。 ・どうせ、おれは悪者だから。 ・また捕まったらどうするんだ。 ・司教には悪いが、今はそんなことなんて言っていられない。 ・せっかく泊めてくれたミリエル司教を本当に裏切ってもいいのか……。	◎不当に苦しめられ、すさんでしまったジャンの心が、自分を温かく迎え、大切に扱ってくれる司教の温かさに触れることにより、揺れ動き始めていることをつかませる。（板書②）

展	○ミリエル司教の愛情に満ちた心について考える。 ジャンの行為を全くとがめることなく、逆に救おうとする司教の姿から、寛容の尊さや、ジャンの今後の変容に期待し信頼する心の広さに気付かせることにより、ねらいとする価値に迫る。	◎司教は、どんな気持ちでジャンに「銀のしょく台を忘れていったでしょう。あれもあなたにあげたのに……」と言ったのでしょう。 ・どうか立ち直って幸せに生きてほしい。 ・もう過ちを犯さないと信じているよ。 ・過ちはだれにでもあることなのだよ。 ・もともとあなたは悪い人ではなかったはずだ。 ・きっと盗みたくて盗んだのではなく、悩んだ末のことだろう。 ・今あなたを許すことで、きっと立ち直ってくれると信じているよ。 ・最初から食器をあげればよかった。 ・ちゃんと罪を償ったのに、世間から冷たくされてさぞ辛かっただろう。だが、世の中は冷たいばかりではないことを知らせたい。	◎「本当にジャンのやったことは許していいことなのか」と揺さぶりをかけ、「それでも許せるのか」と切り返すことで、いっそう司教の広い心に共感させていく。 ◎ワークシートを活用し、自分の考えをもたせる。（板書③） ★司教の心の広さや謙虚さを捉えているか。（ワークシート・発言内容・児童の様子）
開	○司教の広い心に揺り動かされるジャンの気持ちを考える。 司教の広い心がジャンの長い間冷え切っていた心を揺り動かしていることをつかませ、いっそう、寛容の素晴らしさに気付かせる。	○銀のしょく台を渡されたジャンは、手足をわなわなとふるわせながら、どんなことを考えているでしょう。 ・どうしたらいいのだろう。 ・どうして許してくれるのか。ひどいことをしたのに信じられない。 ・なんと心の広い方なのだろう。ありがとう。 ・おれは、なんということをしてしまったのだろう。 ・恩をあだで返すようなことをして申し訳ない。自分が恥ずかしい。 ・自分のことをこんなにも考えてくれる人がいるなんて。 ・許してくれた司教のためにも、もう二度とこんな過ちは繰り返さない。 ・司教にはずかしくない生き方をしたい。	◎ジャンの心を変容させた司教の人間愛に満ちた広い心を感じ取らせるために、「司教のどんな心がジャンを変えたのか」と補助発問する。その際、ペアトークを取り入れる。 ◎板書を使って、ジャンの心情を比較させる（板書④・⑤） ★司教の広い心によりジャンが変容していったことに気付いているか。（発言内容・児童の様子）

終末	3　許された後のジャンの生き方を考える。	◯なぜ、ジャンは死ぬまで「銀のしょく台」を持っていたのでしょうか。 ジャンが最期の時まで「銀のしょく台」を持っていた理由について投げかけることで、ねらいとする価値を温める。	◎自分を許してくれた司教に報いる生き方をしたことを語り、原作のジャンの最期の場面を知らせることにより、余韻をもって終えるようにする。 ★学んだことをもとに、広い心で相手を受け入れることの大切さについて考えを深めているか。(ワークシート)

(10)　板書計画

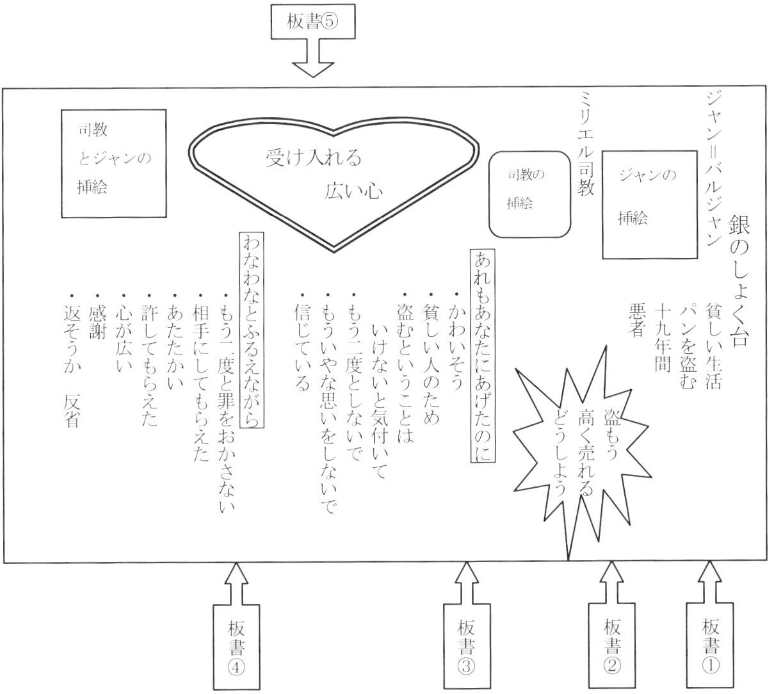

(11) 授業の実際

思いを積極的に伝え合う

思いを伝え合うペアトーク

【活動の流れ（展開部分）】

［基本発問］
目を覚ましたジャンは、どんなことを思っているでしょう。

［中心発問］
３人に連れてこられたジャンに、司教はどんな気持ちで「銀のしょく台を忘れていったでしょう。あれもあなたにあげたのに……」と、言ったのでしょう。

［児童の反応］
・また刑務所に戻るのはかわいそうだ。
・ジャンは貧しいのだから、食器もあげた方がいい。
・家族がお腹をすかせているかもしれないからあげよう。
・お金を持っている人と持っていない人の世の中で生きるジャンはかわいそうだ。
・貧しい人には持って行ってもらってもかまわない。お金にして生活のために使わせてあげたい。
・盗むことはいけないことだと気付いてほしかった。
・２度と同じことを繰り返してほしくない。
・また捕まらないようにするにはこれしか方法がない。
・ジャンに悲しい思いをしてほしくない。
・もう罪を犯してほしくない。
・何度も刑務所に入ると、味方がいなくなる。
・貧しいジャンに、本当に役に立ててほしかったのに、どうして持っていかなかったのだろうか。

司教のジャンに対するその後の良い方向への変容を期待し、信頼する心の広さを捉えている。

ジャンをとがめることなくジャンの行動から自己を見つめる司教の心の広さ、自分が最初から渡していれば……と結果を自分に追求する司教の謙虚さを捉えている。

【補助発問】
ジャンのやったことは許していいの？

【切り返し】
それでも許せるの？

［児童の反応］
・絶対に許してはいけない。
・たとえ家族のためでも物を盗むなんてしてはいけないことだ。
・許してはいけない。人の物を盗むのは人を悲しませることになる。
・悪いことだけど、苦労したジャンに幸せになってほしいから許した。
・ジャンを信じている家族がまた悲しむようなことはさせたくないから許した。
・これからは、家族と仲良く暮らしていってほしいから許した。

［基本発問］
銀のしょく台を渡されたジャンは、手足をわなわな震わせながら、どんなことを考えているでしょう。

司教の素晴らしい人間性に心を救われるジャンの心情に共感している。

［児童の反応］
・なんて優しい人なんだろう。
・司教は、ぼくにこういう悪いことはしてほしくないと言ってるんだ。
・司教だけは自分に温かい気持ちを向けてくれていることがうれしい。
・自分には味方がいないと思っていたが、司教だけはちがう。司教だけが優しく接してくれた。
・どうして許してくれるんだろう。不思議でたまらない。
・２度も大罪を犯したのに許してくれるような人は他にはいない。
・なんと心が広いんだろう。
・世の中には、味方になってくれる人がいるんだ。
・司教にどう感謝すればよいのだろう。
・もう犯罪を犯さないようにしよう。それが恩返しになる。
・こんなに優しい人の物を盗んだなんて……。やはり返そうか。
・反省し、２度と罪を犯さない。

司教の広い心により、ジャンの長い間冷え切っていた心が揺り動かされ、ジャンが人間性を取り戻し変容していったことを捉えている。

【補助発問】（板書を使ってジャンの心情を比較した後）
ジャンをこんなに変えたのは何だろう？

［児童の反応］
・司教の温かい気持ち。
・優しく受け入れてくれる心。
・自分を信じて分かろうとしてくれる心。
・温かくて広い心。
・犯罪を犯した人の気持ちを変えてくれる不思議な心。
・ジャンは、司教のおかげで悪い心から温かい心に変われた。

ジャンの心を変容させた司教の人間愛に満ちた広い心について、互いに考えを深めることができたのではないか。

（12）留意点

①効果的な資料提示

本資料のように長文である資料を範読して提示する際は、学級の全児童が理解できるためにも分割提示を行うことが考えられる。例えば、「１場面の資料の範読→資料の内容の振り返り（挿絵やキーワードを貼る）→発問→交流」といったパターンがある。もちろん、感動的な資料なので最後まで範読し、心に残った場面を交流し、話し合いを深める方法もある。

②積極的な対話の手立て

発問による児童相互の伝え合いをより充実させていく方法として「書く活動」やペアトーク、グループトーク等がある。書く活動については、発表する際、ワークシートをメモとして利用し、書いたことを読むのではなく書いたことを活用し全体に語らせていくようにしたい。

③ねらいに迫る手立て

児童の思考を深めたりよりねらいに迫っていったりするためには、補助発問の役割が重要である。児童の反応に対し、切り返しや揺さぶり発問も行いたい。指導計画を立てる時には、児童の予想される反応から補助発問を十分に検討しておくことが大切である。その際、補助発問は十分に吟味して必要最小限の数にし、交流する時間を確保するよう留意したい。

２．うまくいかないときの対処法

【多様な意見の交流が活発に進まない場合】

ワークシートに書かせる際、授業者は座席表を用意し、児童の思いを類型化して記入する。それをもとに、意図的指名に生かすようにする。授業者は、どんな意見も「なるほど」と共感的な態度で受け止める姿勢を忘れない。例えば、発言の中の形容詞については、場合によっては「もう少し詳しく教えてくれる？」、「どうしてそう思うの？」と切り返してみる。また、場合によっては、発言した児童に対して返答を求めるのではなく「この点についてみんなはどう思う？」と全体に切り返すようにし児童の思いを引き出していく。

予めペアトークを仕組んでおき、互いに思いを伝え合ったり相手の思いを汲みとったりする場面を設定することも考えられる。ただし、意見が出なくて困ったからペアトークを仕組むという流れは、話合いに発展性のない場合が多いので留意したい。

【長文の資料を扱う場合】

本来、資料は一括提示することを考えて展開が考えられている。しかし、高学年になると長文を扱うことが多くなり、学級の全ての児童が考え易い方法としては、本事例のように分割提示も考えられるであろう。まずは、資料を語る。ごく簡単にキーワードや挿絵を貼りながら内容を振り返る。そして発問し交流させる。この流れにより、児童は自分の思いや考えを交流しやすくなる。

本事例では、資料の世界に浸らせるよう「語り」を工夫するように心がけている。しかし、場合によっては資料を持たせることも検討したい。

３．発展的な取り扱い

他の内容項目による取り扱い

本資料を「法を守る尊さ４－（１）」で扱う際には、前掲の「（８）学習過程」を修正して以下のような流れで構成することも考えられる。展開部分の発問と予想される児童の反応等を記す。

学習活動	主な発問と児童の反応	支援（◎）と評価（★）
○ミリエル司教の愛情に満ちた心について考える。	○司教は、どんな気持ちで「銀の燭台を忘れていったでしょう。あれもあなたにあげたのに……」と言ったのでしょう。 ・どうか立ち直って幸せに生きてほしい。 ・もう過ちを犯さないと信じているよ。 ・過ちはだれにでもあることなのだよ。 ・もともとあなたは悪い人ではなかったはずだ。 ・きっと盗みたくて盗んだのではなく、悩んだ末のことだろう。	◎ジャンの行為を全くとがめることなく、逆に救おうとする司教の姿から、ジャンの後の変容に期待し信頼する司教の心について考えさせる。 ★ジャンに対する司教の思いに気付いているか。（発言内容・児童の様子）
○司教の人間愛に満ちた広い心に揺り動かされるジャンの気持ちを考える。	◎銀のしょく台を渡されたジャンは、手足をわなわなとふるわせながら、どんなことを考えているでしょう。 ・どうして許してくれるのか。ひどいことをしたのに信じられない。 ・恩をあだで返すようなことをして申し訳ない。自分が恥ずかしい。 ・自分のことをこんなにも考えてくれる人がいるなんて。 ・許してくれた司教のためにも、もう２度とこんな過ちは繰り返さない。 ・司教にはずかしくない生き方をしたい。 ねらいとする価値に迫るために、価値に関わる言葉に着目し切り返したり、板書を比較させてジャンの心の変容を捉えさせたりする。	◎児童の反応に応じて、「なぜ司教に申し訳ないと思ったのか」、「これまで度々法を破ってきたのに、なぜ、この時２度と過ちを繰り返さないと思ったのか」、「どんな生き方をしようと考えたのか」といった切り返しをすることにより、法を遵守することの大切さや遵守することは自分や人の幸せを守ることにつながることを捉えさせる。 ★法を守ることの大切さや意味について考えを深めているか。（ワークシート・発言内容・児童の様子）
３　許された後のジャンの生き方を考える。	○なぜ、ジャンは死ぬまで「銀のしょく台」を持っていたのでしょうか。 余韻に浸らせて授業を終えるようにする。	◎その後、ジャンは世の中のためになるよう懸命に努力し、自分の過ちを許してくれた司教に報いる生き方をしたことを語る。 ◎感想を書かせるのもよい。

この他、「本当の思いやりとは２－（２）」で展開する場合は、「（８）学習過程」の流れで展開前段を構成し、展開後段で「本当の思いやりとは何

だろう」と問いかけることも考えられる。

　どの内容項目で扱うにせよ、発問に対する児童の発言のどの言葉に着目し、どのように授業者が揺さぶったり切り返したりして話し合いを深めていくかが、ねらいとする価値に迫るポイントではないかと思われる。

お勧めの資料

資料名	内容項目	出　典	出版社等
うばわれた自由	１－（３）	道徳６年 きみがいちばんひかるとき	光村図書
心のしじゅう	１－（４）	道徳教育推進指導資料（指導の手引）１ 小学校　読み物資料とその活用──「主として自分自身に関すること」──	文部科学省
最後のおくり物	２－（２）	道徳教育推進指導資料（指導の手引）２ 小学校　読み物資料とその活用──「主として他の人とのかかわりに関すること」──	文部科学省
泣いた赤おに	２－（３）	小学どうとく 心つないで３	教育出版
いのりの手	２－（３）	かがやけみらい 道徳４年	学校図書
友の肖像画	２－（３）	道徳５ 希望を持って	東京書籍
ブランコ乗りとピエロ	２－（４）	道徳教育推進指導資料（指導の手引）２ 小学校　読み物資料とその活用 ──「主として他の人とのかかわりに関すること」──	文部科学省
最後の一葉	３－（３）	かがやけみらい 道徳６年	学校図書
星野君の二塁打	４－（２）	道徳５ 希望を持って	東京書籍

森の絵	4－(3)	道徳教育推進指導資料（指導の手引）4 小学校　読み物資料とその活用――「主として集団や社会とのかかわりに関すること」――	文部科学省
たまご焼き	4－(5)	かがやけみらい 道徳6年	学校図書
ぼくの名前呼んで	4－(5)	道徳6年 きみがいちばんひかるとき	光村図書

引用・参考文献

・立石善男・上薗恒太郎他『小学道徳　心つないで6年　教師用指導書』教育出版、2010年。

・「道徳あすをみつめて」教師用指導書編集委員会・編著『小学校道徳　あすをみつめて6年　教師用指導書』日本文教出版、2010年、190－197頁。

・広島県三原市立中之町小学校『第29回道徳教育研究会紀要』2010年、115－123頁。

・真仁田昭・新井邦二郎『6年生の道徳　教師用指導書』文溪堂、220－225頁。

第2節　心情ジレンマタイプの道徳授業の展開

1　心情ジレンマ教材の授業展開

（1）　対象学年　小学5年

（2）　資料名　勝利のホイッスル（広島市教育委員会教材開発委員会作）

（3）　内容項目　正義をつらぬく　4－（2）正義、公正・公平

（4）　主題観

公正、公平にすることは、私心にとらわれず誰にも分け隔てなく接し、偏ったものの見方や考え方を避け、社会的な平等が図られるようにふるまうことである。よりよい社会を実現するためには、自他の不正や不公平を許さない断固とした姿勢をもち、正義をつらぬこうとする心情や態度を育てるとともに、そのことを通して、社会的な差別や不公正に関わる社会正義についての自覚を深めていくことが必要である。しかし、誰に対しても

常に公正、公平に振る舞うことはたやすいことではない。特に高学年のこの時期には、友だち関係を大切にするあまり、周りの考えに流されてしまったり、正しい振る舞いができなかったりすることもある。

そこで本教材を通して、正しさをつらぬき通すには苦しさがあることや、公正な判断には必ず理解者がいることに気付かせ、「正しい」ことは「正しい」と言える強さや正義をつらぬこうとする態度を育てていきたい。

（５）　児童観

高学年の児童には、「たとえ親友であっても間違ったことをしていたら注意するべきだ」という意識をもっている児童は多い。しかし、「誰であろうといけないことはいけない」、「親友だからこそ間違ったことをしてほしくない」という思いで注意をしている児童がいる一方で、注意しづらいときがあると感じている児童も多い。“注意しすぎたら仲間はずれにされるかも”という不安を抱えている児童や“「ひみつね」と言われると注意しにくい”と友だち関係を優先してしまう児童、実際に「もう一緒に遊ばない」、「いい子ぶっている」と言われたことがある児童もいるだろう。そのため、内容の危険度や深刻度で判断したり、状況によって言ったり言わなかったりすることが考えられる。

そこで、本教材によって、「正しさ」をつらぬき通すすばらしさとともにその苦しさについても考えさせることを通して、「正しさ」を受け入れられる友だち関係づくりや「正しさ」をつらぬき通そうとしている人を支えることのできる学級づくりの大切さにも気付かせたい。

（６）　指導観

本資料は、サッカーの試合で審判をしていた主人公「ぼく」が、誰もが勝利を決めるホイッスルだと思う中、友人にファウル判定を告げる。そのことでみんなに冷たくされ自分のしたことに自信が持てなくなってしまうが、ラインズマンをしていた晃が「ナイスジャッジ！」と声をかけてくれたことで、自分のつらぬいた「正しさ」を信じることができるようになるという内容である。

指導に当たっては、「ぼく」に寄り添いながら話を聞けるよう、資料を語り聞かせる。友人を大切に思うぼくの気持ち、公正に審判しようというぼくの気持ちをしっかりと出させた上で、正しいことをつらぬき通す苦しさに気づかせるとともに、「ナイスジャッジ」と声をかけた晃の存在を通して、どんな状況でも正しいことをしようとする心情を育てる。

(7) 本時のねらい

正しいことをつらぬき通す苦しさに気付かせながら、どんな状況でも正しいことをしようとする心情を育てる。

(8) 授業評価のための基準

(○は気付かせたい考え、◎はできれば気付かせたい考え)

【児童の今の考え】

・正しい判定をしなくてはいけないが、友だちやみんなのことを思うと悩んでしまう。
・責められるかもしれないから正しい判定をするか悩んでしまう。

【気付かせたい考え】

○正しい判定をした自分に自信を持っていい。きっと分かってくれる。
◎審判ならば、どういう状況でも公正に判定するべき。
◎審判は本当のことを知らせるのが役目。

(9) 学習過程

段階	学習活動	主な発問と児童の心の動き	支援(◎)と評価(★)
導入	1. スポーツのよいところや素晴らしさを発表する。	○どんなスポーツが好きですか? ○スポーツのどんなところが好きですか? ○みんながスポーツを楽しむために必要なことは何でしょう?	◎スポーツの楽しさや、ルールがあることでだれでもが楽しめることを想起させる。
展開	2. 資料を聞き、「ぼく」の気持ちについて話し合う。	○審判を引き受けるぼくは、どんな気持ちでしょう。 ・試合に出たいが、監督に頼むぞと言われたからやるしかない。 ・難しい仕事で、「君しかいない」と言われたのでしっかりやろう。	◎資料を読んで聞かせる。読む前に「ぼく」になって聞くよう指示する。 ◎試合に出て勝ちたいという気持ちをおさ

展開		・練習してきた成果を出したかった。 ・友也にぼくの分までがんばってもらおう。	えながら、審判をしっかりやろうと、言い聞かせている状況をおさえる。（板書①）
	３．ワークシートに自分の考えを書いた後、小グループで話し合う。その後、全体での話し合いを行う。	○ぼくは、「ゴール！」と言うべきでしょうか、「ハンド！」と言うべきでしょうか。 《「ゴール」と言うべき》 ・ずっと一緒に自主練習をしてきて、友也は親友だから。 ・全国優勝チームに勝ちたい。 ・他の人は気付いていない。 《「ハンド」と言うべき》 ・親友でも、ルールはルール。 ・審判は公正にしなければならない。 ・公正に審判しないで勝っても意味はない。	◎児童の意見を整理して、板書をする。(板書②) ◎友也との関係を想起させ、ハンドを見逃してもよいのではないか？とゆさぶりをかける。 ◎「ゴール」と言いたい気持ちに共感させる。 ◎切り返し発問の例 ・監督に審判を頼まれしっかりやると決めた気持ちはどこへいったのか。 ・勝ちたくて、ずっと自主練習をしてきたから、「ゴール」と言った方がよかったのではないか。
		○「本当にこの判定でよかったのだろうか」自分のしたことに自信が持てなくなったぼくは、晃に笑顔で肩をたたかれどんな気持ちになったでしょう。	◎晃に声をかけられたときのぼくの気持ちを押さえる。(板書③)
		・仲間はずれにされても、正しいことはきっと分かってもらえる……この判定でよかった。 ・正しい判断をしたことは、晃が見ていてくれた。自信をもとう。一人でも見ている人がいる。 ・正しいことは、きっと誰かが見ている。（分かってくれる。） ・正々堂々と生きることが大切だから、下を向かなくてもいい。	◎状況に応じて、晃が声をかけてくれなかった場合はどうか考えさせる。 ★正義をつらぬく大切さを実感しているか。 （ワークシート、発言）

終末	4．自分を振り返る。	○ぼくと同じように迷ったことはあるけれど、正しいことをつらぬき通した経験がありますか。 今日の学習をして、気づいたことや考えたことを書きましょう。	◎日常の行動の価値付けを行い、「正義」について関心がもてるようにする。 ★だれに対しても、どんな状況でも正しいことをつらぬき通していこうという心情と意欲をもつことができたか。（発言、児童の様子）
	5．詩（スライド）を紹介する。		◎詩を紹介することで、「正しい」判断を行おうとする意欲につなげる。

（10）資料

勝利のホイッスル　（広島市教育委員会　教材開発委員会作）

今日は、待ちに待ったサッカーの練習試合。試合の相手は、昨年全国大会で優勝したチームだ。この日のために、親友の友也とは、毎朝自主トレーニングをしてきた。雨が降っても試合の次の日も、ずっとずっと練習をしてきた。全国大会優勝経験チームに、どうしても勝ちたいのは、ぼくたちのチームの誰もが思っていることだ。すると、ぼくは、監督に呼ばれ、練習試合の審判をするように言われた。試合に出ることも大切だが、審判をすることは、とても難しい。監督に「審判は、試合以上にサッカーを知り、経験がなければできない。君しかいない、頼むぞ！」と肩をたたかれた。うれしい言葉だったが、今日まで一生懸命友也と練習をしてきたので、試合に出たい強い気持ちもある。しかし、監督の言葉に（しっかり審判をしよう）と決めた。自分のチームに勝ってほしい気持ちが強いから、公正に審判するのも難しいと緊張していた。

いよいよ練習試合が始まった。みんなの気持ちが一つになり、全国大会優勝チーム相手とあって、とてもいいプレーの連続だ。

「あっ、今のプレーはファウル！（反則）」

すぐにホイッスルを吹き、友也にファウルを告げた。友也は、ぼくをにらみつけている。ぼくは、友也の態度に少し驚いたが、しっかり審判をしなければいけないと思い、判定を変えることなくファウルを宣告した。すぐに、みんなもぼくの判定に納得し、試合は順調にすすんだ。ファインプレーはでるものの、０対０のまま時間が過ぎた。試合終了間際、一本のパスから友也のシュートが決まった。全国大会優勝チームに勝てる、これで、決着がつくとみんなが思っただろう……しかし、ぼくは、シュートの前に友也の手にボールが軽く触れたのを見逃さなかった。

「ピーー！」

だれもが勝利を決める「ゴール」のホイッスルだと思った。ぼくは、言葉にまよった。「ゴール」か「ハンド」か？どう判定するべきか……。

「ハンド！」

ぼくは、ファウルの判定を告げた

練習試合の帰り道、いつもは、試合の話で盛り上がるのに、今日は誰も口を開かない。全国大会優勝チーム相手に、いい試合をしたから十分ではないか。ぼくだって、審判をするより試合に出たかった。でも、真剣に審判をした。そして、あの時、ぼくは「ハンド」をとった。友也とずっと自主練習をしてきたぼくとしても、とても辛い瞬間だった。みんなの冷たい視線に、ぼくは、自分のしたことに自信がもてず、ぼくの吹いたホイッスルは、勝利のホイッスルではなかったから、この判定は正しくなかったのだろうか？と、下を向いてしまった。その時、ラインズマンをしていた晃が「ナイスジャッジ！よくハンドを見逃さなかったね」と、にこにこ笑顔でぼくの肩をたたきながら通りすぎた。ぼくは、晃の笑顔に少し気が軽くなった。

（11）板書計画

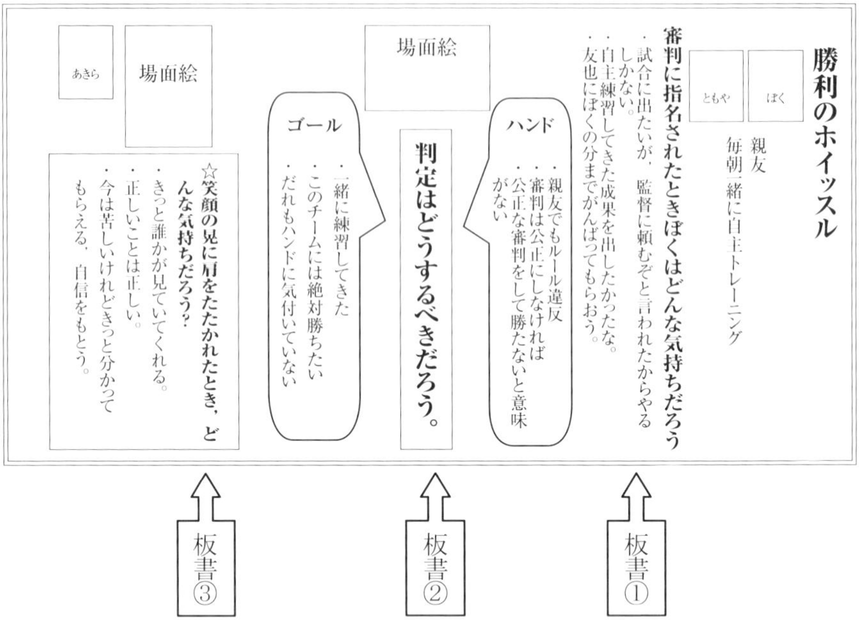

（12） 授業の実際

【展開前段】

T：「ぼく」はどうするべきですか？
C：手が触れたのは事実で、ハンドはハンドだから公正にするべきだと思います。
C：それが相手のチームだったらどういうか考えたらやっぱり「ハンド」と言うと思うからです。
C：試合に負けようと、友也が親友だろうと、ハンドはハンドだから本当のことを言うべきだと思います。
C：「ハンド」と言うべきです。審判は、本当のことを知らせるためにいるのだから、そうでないと審判ではないと思います。
C：それが審判の役目だからです。

Ｔ：そんな風に、審判としてするべきとは分かっていたはずだよね。なのに、すごく迷ったよね。その気持ち分かる？どうして迷ったの？
Ｃ：自分のチームに勝たせたいからです。
Ｃ：自分のチームに勝たせたいし、しかも、蹴ったのが親友だったからゴールと言いたいと思います。
Ｃ：友也だけでなく、他のみんなも喜んでいたからです。
Ｃ：全国大会に勝ったチームに勝つために、一生懸命練習してきているのをぼくは見てきているから、勝たせたいと思うと思います。
Ｃ：みんなの顔が勝ちを確信しているような顔だったからです。
Ｃ：でも、友也のファウルは２回目だったから、それは言った方がいいと思います。
Ｔ：でも、１回目でにらまれちゃったよ。
Ｃ：ハンドと言ったら、チームのみんなに責められそうと思うと思います。
Ｃ：（あーっ。確かに……）
Ｔ：そうだねえ。そこまで思うのだったら、ゴールでよかったのじゃない？
Ｃ：（ダメ。ダメ）
Ｔ：どうして？
Ｃ：審判は審判だから、ちゃんと、ハンドなら「ハンド」と言った方がいいと思います。
Ｃ：でも、ハンドはハンドだし「ゴール」って言ったら、相手チームから文句言われるかもしれないと思います。
Ｃ：友也くんは自分がハンドしたことを分かっていると思うし、もし、このまま言わなかったら、ぼくは、ずっとこのままでいいのかと悩んでしまうと思います。

展開前段の葛藤場面では､「ハンドと言うべき」という意見が多かった。そこで、正しいと分かっていても「ハンド」と言うことに迷いがあったぼくの気持ちに寄り添わせるために「ハンドだと分かっていたのに迷ったのはなぜか」という切り返し発問を行った。正しいと分かっていても迷ってしまう思いをしっかり押さえた上で、それでも正しい判断を行おうという気持ちにならなければ、これからの児童にとって生きた力とならないと考えた。

【展開後段】

C：晃くんだけがぼくの気持ちを分かってくれる、分かってくれる人もいるんだ。
C：ぼくの他にも見ていた人がいるのだから自信を持とう。
C：ぼくがやったことは正しかったのだ、次もちゃんとやろう。
C：正しいことをして良かった。ちゃんと見ていてくれる。
C：みんなに責められる中、晃くんに「ナイスジャッジ」と言われたから少しは安心したと思います。
T：「少し」なのよね。まだみんなは冷たい中で、それでも「次、がんばろう！」って思える？
C：一人でも分かってくれる人がいるからがんばれると思います。
C：こういう気まずい状況で「ナイスジャッジ」って晃くんはどうして言えたのだろうと疑問に思いました。友也くんも「ナイスジャッジ」って言ってくれたらいいのにと思いました。
T：同じチームの晃くんもきっと勝ちたかったよね。それでも、どうして「ナイスジャッジ」って言えたのだろうね。
C：同じチームだから「ゴール」って言ってしまいそうだけど、ぼくがその誘惑に負けず、ちゃんと「ハンド」と言ったからだと思います。
C：正しいことをしていたのにみんなに冷たくされていたから晃くんが励ましてくれたのだと思います。

展開後段では晃くんの言葉に安心した児童が多かった。正しいことが行える集団であるためには、晃くんのように、公正な判断に賛同し、認めてくれる仲間がいることが大きな力となる。そういう仲間づくりをしていこうという気持ちにもつなげられる発言もあった。

（13）その他の資料

【ワークシート】

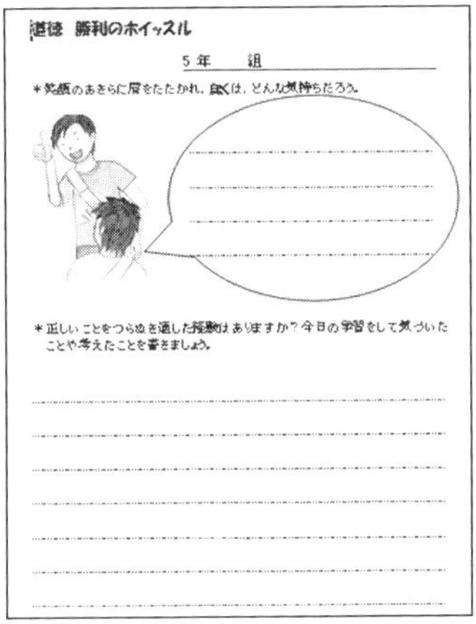
道徳　勝利のホイッスル

5年　　組

＊笑顔のあきらに肩をたたかれ、ぼくは、どんな気持ちだろう。

＊正しいことをつらぬき通した経験はありますか？今日の学習をして気づいたことや考えたことを書きましょう。

2　うまくいかないときの対処法

【「ハンド」に意見が偏り、深まりが見られない場合】

本資料は、正しいと分かっていながらその判断をすることに迷いが生じること、そして、勇気をもって正しいと思うことをしても認められないことがあることがポイントである。そして、それが、児童の実生活でも善悪の判断のゆらぎの原因となっている。だからこそ、今まで一緒にがんばってきた友也の思いや、全国大会優勝経験チームに勝ちたいチームの思い、だれも「ハンド」に気づいていない状況などで揺さぶりをかけ、しっかりと本音を引き出した上で、本音を乗り越える考えを引き出していくことで、考えに深まりが出てくる。

【終末の工夫】

内容に関連する詩をBGMとともに提示することで余韻のある終わり方にすることができる。

教師の説話として、サッカーの審判にはグリーンカード（フェアプレー・マナー・頑張りを褒めるために主審が提示、もしくは選手への贈呈するカード）があることを紹介する方法もある。

3　発展的な取り扱い

「みんなの冷たい視線を受け、主人公が自分の判断に自信が持てなくなった場面」を中心に考えさせる場合の展開

学級の実態によって、場の雰囲気や周りの反応によって判断に揺らぎがみられる場合、ねらいとする内容は４－（２）「正義、公平・公正」のまま、中心発問を「ぼく」の葛藤場面に変えて授業を実施することも可能である。

その際は、資料提示を晃くんに「ナイスジャッジ」と声をかけられる前の部分で一旦止め、みんなの冷たい視線を受けた事実を踏まえながら、「ぼくの判断は本当にあれでよかったのか？『ハンド』と言うべきだったのか、『ゴール』と言うべきだったのか」を中心発問として展開するとよい。

このような展開例にすることによって、正しいことをつらぬき通す難しさをより実感させながら、それを乗り越え、どんな状況でも正しいことをしようとする思いに迫らせることができるであろう。

【学習過程】

段階	学習活動	主な発問と児童の心の動き	支援（◎）と評価（★）
展開	2．資料前半を聞き、「ぼく」の気持ちについて話し合う。	○審判を引き受けるぼくは、どんな気持ちでしょう。	◎資料を読んで聞かせる。読む前に「ぼく」になって聞くよう、指示する。 ◎試合に出て勝ちたいという気持ちをおさえながら、審判をしっかりやろうと、言い聞かせている状況をおさえる。（板書①）
	3．ワークシートに自分の考えを書いた後、小グループで話し合う。その後、全体での話し合いを行う。	○ぼくは「ゴール」というべきだったのでしょうか、「ハンド」というべきだったのでしょうか。また、それはなぜですか。	◎児童の意見を整理して、板書をする。（板書②） ◎勝ちたかった友也やチームメートの思いだけでなく、みんなに冷たい視線を向けられる状況で揺さぶりをかける。

	４．資料後半を聞き、「ぼく」の気持ちについて話し合う。	○「本当にこの判定でよかったのだろうか」自分のしたことに自信が持てなくなったぼくは、晃に笑顔で肩をたたかれどんな気持ちになったでしょう。	◎晃に声をかけられたときのぼくの気持ちを押さえる。(板書③) ★正義をつらぬく大切さを実感しているか。(ワークシート、発言)

お勧めの資料

資料名	内容項目	出典	出版社等
友達だから	１－(３) 正直、善悪判断	規範性を育むための教材・活動プログラム	広島市教育委員会
ポトマック川のできごと	３－(１) 生命尊重	人間を超えたものへの「畏敬の念」の道徳授業小学校	諸富祥彦 明治図書
サルも人も愛した写真家	３－(１) 生命尊重	道徳ドキュメント１ きみならどうする？	NHKエンタープライズ
どうぞと言われて	４－(１) 規則の尊重	規範性を育むための教材・活動プログラム	広島市教育委員会
シンガポールの思い出	４－(１) 規則の尊重	５年生の道徳	文溪堂

第３節　プログラムタイプの道徳授業の展開

１．道徳学習プログラム名【レインボープログラム】(小中連携)

(プログラム図（p.124）参照)

２．レインボープログラムの実際

レインボープログラムは３段階から構成されている。第１段階は生命尊重の価値への意識付けの段階、第２段階は中学生と連携して行う総合的な学習の時間「三良坂つながり学習」の体験的な活動と道徳の時間に関連を持たせ、生命尊重の価値を高めていく段階、第３段階はこれまでの学習を

小中学校共通の体験的活動：三良坂つながり学習

（総合的な学習の時間における５・６・７（中学校１年）合同学習）

６年生【三良坂町を自然・人・文化から見つめ，さまざまな人とコミュニケーションをとり，社会の一員として貢献する。】

道徳の時間３の（１）生命尊重「**おかあさんへの手紙**」（東京書籍）
命の大切さや周りの人の思いを知り，精一杯生きようとする意欲を持たせる。

特別活動　自分の生き方を考える

①健全な自尊感情を育てる活動
自分たちの住む三良坂をもっと良い町にしたい。目指す地域の姿になるように努力していこう。

道徳の時間
「神父さんはマスクマン」
１―（２)希望・勤勉・努力
孤児院を守るためにプロレスリングのレスラーとしてリングに立ち続けるセルビオ神父の気持ちを考える事を通して，自分の目標に向かい希望と勇気をもって努力し続けようとする心情を育てる。

②双方向の所属意識を高める活動
ふるさと「三良坂」のために自分ができることはどんなことだろう。

道徳の時間内容項目
「花かげの花守りたち」
４―（７）郷土愛
たくさんの花守りたちが「花の願い」をどのような思いで受け止めたのかを考えることを通して，地域のすばらしさに気づき，よりよい地域をつくっていこうとする心情を養う。

【関連】
特別活動
「２学期になりたい自分を見つけよう。」

③コミュニケーションを図ろうとする力を育む活動
５・６・７年生で協力して，調べ学習をしていくためにどんなことが大切だろう。
友だちとの関わりや地域の人に接する時の気持ちを考えていこう。

【関連】
総合的な学習の時間
「三良坂の伝統を学ぼう＝沖江田楽＝」

道徳の時間
「ミレーとルソー」
２―（３）友情・信頼
苦しい生活をしながら描いた絵をうそをついて買い取ってくれたルソーの手を握り締め涙を流すミレーの思いを考えさせることを通して，相手の立場を思いやり行動する友情の深さを知り，互いを高め合う友情を築こうとする心情を養う。

【関連】
音楽科
合唱「ビリーブ」

道徳の時間３の（１）生命尊重「**涙そうそう**」（日本標準）
命の大切さを知り，共に生きる力を持たせる。

第1段階　5月　**第2段階　9月～10月**　**第3段階　2月**

○　期待する意識の流れ
どんな町になるといいのかな→仲間と力を合わせると色々なことができそうだ。
→自分達の町の良さにも目を向けてみよう→今，できることを精一杯していこう！

もとに道徳の時間において生命尊重の価値を深める段階である。第1段階では、小学校の道徳授業と特別活動が展開される。第2段階では小中連携による総合的な学習の時間「三良坂つながり学習」を土台として、生命尊重の価値に迫る道徳授業が計画的に展開される。これら一連の学習プログラムを、広島県三次（みよし）市立三良坂（みらさか）小学校、三良坂中学校では、レインボープログラムとし、自尊感情、友情、家族愛、地域愛などを総合的に育み、生命尊重の意識を高める学習を進めている。ここでは、このうち小学生と中学生合同の総合的な学習の時間の概要と、小学校での道徳授業の学習指導案のみ取り上げる。

[第1段階：生命尊重の価値への意識付けの段階]

道徳授業

（1）対象学年　小学5～6年

（2）資料名　「お母さんへの手紙」（出典：明日をめざして　東京書籍）

（3）主題名　限りある命を精一杯生きよう　3－（1）生命尊重

（4）ねらい

3度目の手術を前にこれまでの思いや感謝の気持ちをこめて手紙を書く佐江子さんの心情を考えることを通して、どのような困難な状況でも生きることへの希望をもち続ける強さと死の重さを知り、限りある自分の命を精一杯に生きようとする心情を育てる。

（5）学習過程

段階	学習活動	主な発問と児童の心の動き	支援（◎）と評価（★）
導入	1　命の色について考える。	○自分の命を色で例えると何色だと思いますか。また、どうしてその色だと思いますか。 ・温かい感じがするのでピンクです。 ・透き通っている気がするので青です。 ・その時々でいろいろ変わるから虹色だと思います。	◎命の色を考えさせることで、命というものを自分がどうとらえているか意識させる。 ◎全員にイメージ化させるために全員を起立させて考えさせる。
展開	2「お母さんへの手紙」を聞いて話し合う。	○「お母さんへの手紙」を聞き、話し合いましょう。	◎資料は一括提示を行うため、理解しやすいように場面絵を提示する。
	①　心に残った事について考える。	○この手紙を聞いて心に残ったのはどこでしょう。また、なぜ心に残ったのでしょう。 ・15時間の手術をがんばろうと思っているところ。 ・お母さんと気持ちが通じあっているところ。	◎心に残ったところと理由を発表させる。
	②　遠足や学校への送り迎えを嫌だと思っていた佐江子さんの気持ちを考える。	○　遠足や学校への送り迎えをしてもらう時どんな気持ちだったでしょう。 ・恥ずかしいから嫌だ。 ・自分だけ目立ってしまう。	◎母親の思いを素直に受け入れられない気持ちを共感的に考えさせる。
	③　佐江子さんが15時間にも及ぶ手術に対してどんな気持ちだったか考える。	○佐江子さんは15時間にも及ぶ手術に対してどんな気持ちだったでしょう。 ・とても恐くて不安だった。 ・もしかしたら死んでしまうかもしれない。 ・成功してみんなと同じように元気になれるから頑張ろう。 ・お母さんをもっと沢山喜ばせたい。	◎佐江子さんと自分たちが同じ気持ちであり、佐江子さんが特別な存在ではないことに気付かせる。（板書①） ◎手術の大変さが命の危険につながっていることに気付かせると共に佐江子さん自身も危険な手術であることに気付いていることに気付かせる。（板書②）

展開	④「手術をがんばろうね」といった気持ちを考える。	○佐江子さんは、どうして「手術がんばろうね」と書いたのでしょう。 ・お母さんと一緒だと思うと不安を乗り越えられると思ったから。 ・お母さんも同じように辛いと感じているのに頑張っているから、自分も頑張ろうと思ったから。 ・お母さんとこれからも一緒に生きたいと思ったから。	◎ワークシートに記入させ、発言し意見の交流を行う。(板書③) ★不安を感じながらも「生きる」ために必死で頑張ろうとする佐江子さんの心情に気付いているか。(発言・ワークシート)
	3　自分の生活を振り返る（内省化）		
	⑤　命の大切さについて考える。	○命の大切さについて考えてみましょう。	◎教師の体験から自分たちの命の大切さを感じ取らせる。
終末	4お母さんからの手紙を聞く。	○お母さんから佐江子さんにあてた手紙を聞きましょう。	◎亡くなったことで終わるのではなく佐江子さんの手紙がお母さんの生きる希望につながっていることに気付かせる。

（6） 板書

佐江子さんは、どうして「手術、がんばろうね」と書いたのでしょう。

板書①

不安

・とても不安だった。

・もしかしたら死んでしまうかもしれない。

⇔

板書②

期待

・きっと成功してみんなと同じように元気になれる。

・お母さんをもっと沢山喜ばせたい。

板書③

・お母さんと一緒だと思うと不安を乗り越えられると思ったから。

・お母さんも同じように辛いと感じているのに頑張っているから、自分も頑張ろうと思ったから。

・お母さんとこれからも一緒に生きたいと思ったから。

（7） 授業の実際

授業後の児童の感想

○自分の手術がとても大変だと知っているのに、お母さんを心配して手紙を書くのはすごいと思いました。お母さんのためにも頑張りたいと思っていたのだと思います。

○もしかしたら死んでしまうかもしれないという気持ちと元気になりたいという気持ちがあったと思います。佐江子さんは、一生懸命生きようとした気持ちがよく分かりました。

○手術で元気になってこれまでの分もたくさんのことをしたかったと思うし、お母さんにたくさんのことをしてあげたかったと思います。手術が成功して欲しかったです。

［第２段階：中学生と連携して行う「三良坂つながり学習」の体験的な活動と道徳の時間に関連を持たせ、生命尊重の価値を高めていく段階］

①健全な自尊感情を育てる活動

１）総合的な学習の時間：＝三良坂つながり学習＝　小中合同

本時の目標：

○三良坂町について考え活動することにより、社会に生きる一員として何をすべきか考えることができる。

○異年齢間の活動や調査活動の中で、共感し合えるようにコミュニケーションをとろうとしている。

学習活動：

三良坂の良さと課題について考え、マッピングをもとに自分たちの活動の目標を明確にし、自分達のグループのテーマをアピールするキャッチフレーズを作成する。

2）道徳の時間

（1）　対象学年　小学５～６年

（2）　資料名　「神父様はマスクマン」(出典：明日をめざして　東京書籍)

（3）　主題名　くじけない心　１－（２）　希望

（4）　ねらい

孤児院を守るためにプロレスリングのレスラーとしてリングに立ち続けるセルビオ神父の気持ちを考えることを通して、自分の目標に向かい希望と勇気をもって努力し続けようとする心情を育てる。

（5）学習過程

段階	学習活動	主な発問と児童の発言	支援（◎）と評価（★）
導入	1　三良坂つながり学習のめあてを想起する。	○つながり学習のねらいは何でしたか。 ・三良坂をもっとすてきな町にするためにはどうすればいいかを考える。	◎目標を持つ各グループのめあてをもとにつながり学習のねらいを想起させる。
展開	2「神父様はマスクマン」を聞いて話し合う。 ①　神父になろうとした始めの思いを考える。	○「神父様はマスクマン」を聞き、話し合いましょう。 ○セルビオさんが神父になろうと思ったのはなぜでしょう。 ・親身になってくれる理解者になりたかったから。	◎資料は一括提示を行うため、理解しやすいように場面絵を提示する。

展開	② プロレスラーになってもお金を稼ぐ事ができないセルビオ神父はどんな気持ちだったか考える。	○しょせん、自分に多くの子どもたちを救う力がないとセルビオ神父はどんな気持ちだったでしょう。 ・生活を支えることができないことが悲しかった。 ・子どもを支える事ができないことが苦しい。 （補助発問） ○神父さんの目標は何だったでしょう。 ・親身になってくれる理解者になりたい。 ・生活だけでなく子どもたちの理解者にもなっていないのではないかという不安もあった。	◎うまく孤児院を運営できないという面から運営資金のみを考えがちな児童に、神父が初めにもった目標を思い出させ、資金面だけに苦しんでいたのではないことに気付かせる。
	③「ぼくは、フライ・ドルメンタの子どもだもん」と話す多くの子どもたちにセルビオ神父が、与えたものを考える。	○「ぼくは、フライ・ドルメンタの子どもだもん」と話す多くの子どもたちにセルビオ神父が、与えたものは何でしょう。 ・あきらめてはいけないという強い気持ち。 ・最後までやり遂げる気持ち。 ・人のために戦う勇気。 ・人を大切にする気持ち ・一人じゃないよと支える気持ち。 ・愛情。	◎ワークシートに記入させ、発言し意見の交流を行わせる。（板書①） ★神父が与えたものから自分の目標に向かうことで周囲にも希望と勇気を与えることに気付いているか。（発言・ワークシート）
	④ 引退後に孤児院の子どもがフライ・ドルメンタの後を受け継いでいることを知る。	○たくさんの子ども達がフライ・ドルメンタの後をついでいこうとしています。	
	3　自分の生活を振り返る。（内省化）	○みなさんはどんな目標に取組んでいますか。	
終末	4　つながり学習の目標をふり返らせる。	○つながり学習にどのように取り組む事で、三良坂の人に思いを伝えることができるでしょう。	◎つながり学習の目標への意欲付けをする。

（6）　板書計画

「ぼくは，フライ・ドルメンタの子どもだもん」と話す多くの子どもたちにセルビオ神父が，与えたものは何でしょう。

心

目標に向う強い気持ち。
夢をあきらめない気持ち。

人への思い

人のために戦う勇気。
人を大切にする心
人を助けようとする心

支え

一人じゃないという思い
愛情

板書①

（7）　授業の実際

児童の感想

○目標をもって頑張り続ける力は、あきらめない力だと思います。あきらめなければすごい力が出ると思います。つながり学習でも「すてきな町にしたい」という思いをあきらめずに強く思う事が大切だと感じました。

○頑張り続けるためには、小さな目標から達成していけば大きな目標につながると思います。それに「一人じゃない」と思えば頑張れると思います。

○頑張り続けるためには誰かを思う気持ちが大切だと思います。

○一つの目標に向って、もっとよくしていこうという気持ちを持ち行動していく気持ちが大切だと思います。

②双方向の所属意識を高める活動

１）総合的な学習の時間：＝三良坂つながり学習＝小中合同

本時の目標：

○自らの地域の人や施設などの教育資源に働きかけ、これまでと異なる角度から、地域に対する見方や考え方ができる。

○異年齢間の活動や調査活動の中で、共感し合えるようにコミュニケーションができる。

活動：

７年生をリーダーに各グループの目標を達成するためにグループで協力して調査活動を行い、現状の把握と地域の人の思いを知る。

2）道徳の時間

（1）対象学年　小学５～６年

（2）資料名　「ミレーとルソー」（出典：ゆたかな心　光文書院）

（3）主題名　高め合う友情　２－（３）友情・信頼

（4）ねらい

苦しい生活をしながら描いた絵を買い取ってくれたルソーの手を握り締め涙を流すミレーの思いを考えさせることを通して、相手の立場を思いやり行動する友情の深さを知り、互いを高め合う友情を築こうとする心情を養う。

（5）学習過程

段階	学習活動	主な発問と児童の発言	支援（◎）と評価（★）
導入	1　三良坂つながり学習の話し合いを想起する。	○つながり学習で中学生や５年生と話合いをしてどのような感想を持ちましたか。	◎異年齢での話合いでの難しさや相手の意見を受け入れることの難しさを考えさせる。
展開	2　「ミレーとルソー」を聞いて話し合う。	○「ミレーとルソー」を聞き、話し合いましょう。	◎資料は一括提示を行うため、理解しやすいように場面絵を提示する。（板書①）

展開	①　絵が売れ「天国へ上る気持ちだよ」と話すミレーの気持ちを考える。	○絵が売れ「天国へ上る気持ちだよ」と話すミレーはどんな気持ちだったでしょう。 ・これで生活が楽になる。 ・家族が助かる。 ・これまでの自分の努力が報われた。 ・ルソーへの感謝の気持ち。	
	②　本当のことを知ったミレーの流した涙にこめられた思いを考える。	○本当のことを知ったミレーの涙にはどんな思いが込められているでしょう。 ・ルソーへの感謝の思い。 ・おかげで描き続けることができた。 ・家族を支えることができた。 ・ルソーの気持ちを考えたらこれからもがんばろうと思った。 ・今まで気付かずに悪かった。 ・ルソーにも頑張って絵を描き続けて欲しい。 ・ありがとう。今度は私がルソーを支えたい。	◎ワークシートに記入させ、発言し意見の交流を行う。（板書②） ★ミレーの涙に込められた友情の思いを考えているか。 （発言・ワークシート）
		（補助発問） ○ルソーはなぜうそをついて絵を買ったのでしょう。 ・本当のことを言えば、ミレーは絵を描く気持ちがなくなる。 ・ミレーに自信を持って欲しかった。	◎補助発問をし、ルソーの気持ちを考えさせることで友情の深さに気付かせる。
		・ミレーが本当の友だちだからこそミレーの気持ちを考えてうそをついたのだと思う。	◎友だちの意見に対して、自分にない考えや違う意見に気付かせるように助言する。
	③　今では二人の絵がどのように評価されているかを知る。		◎二人の友情があってこそ今の時代まで大切にされる名画が生まれたことを知らせる。
	3　自分の生活を振り返る （内省化）	○つながり学習で互いの考えを言い合うことの難しさを感じると共に学級の友だちとの関係をもう一度見つめてみましょう。	
終末	4 作文を紹介する。	○つながり学習での出来事を紹介します。	◎つながり学習の異年齢での話合いから自らの学級の友だち関係をふり返らせる。

（6） 板書計画

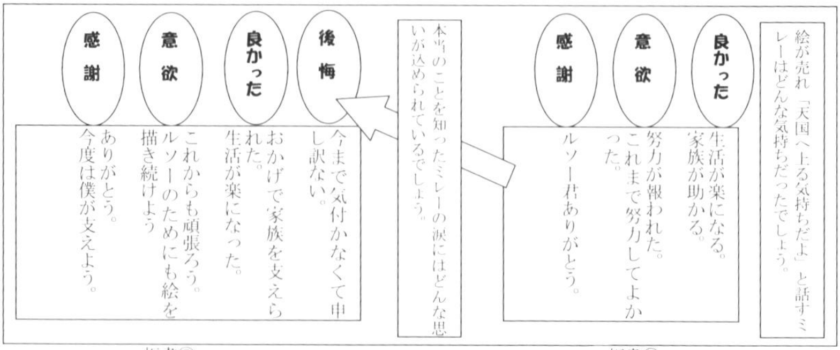

板書② 板書①

（7） 授業の実際

児童の感想

○友だちだからこそ相手のことを考えてつくうそがあるのだと思いました。

○この学習で友情の深さや友だちの大切さを改めて感じました。ミレーは自分にうそをついてまで助けてくれようとしたルソーに心から感謝していると思います。

○ルソーは、ミレーのために自分がうそをつくという辛い思いをしてでも幸せになって欲しいという気持ちだったと思います。そして、ミレーも病気で辛い思いをしているルソーに今度は自分ができることをしようと思ったと思います。

○２人はこれまでも友だちだったと思うけどこのことからもっと深い友情で結ばれたと思います。

③コミュニケーションを図ろうとする力を育む活動

１）総合的な学習の時間：＝三良坂つながり学習＝小中合同

本時の目標：

○地域のためにできることについて提案することを通して、異年齢で思いを交流し合い、三良坂をすてきな町にするために自分たちでできることを考える。

活動内容：

プレゼン資料や模造紙にまとめたものをもとに自分たちの活動を報告す

る。また聞くグループは活動報告に対して、類似点・相違点を考えながら、すてきな三良坂にするために自分たちでできるよりよい活動を考える。

2）道徳の時間

（1）　対象学年　小学５～６年

（2）　資料名　花かげの花守りたち（出典：みんなのどうとく　学研）

（3）　主題名　地域の良さを生かして　４－（７）　郷土愛

（4）　ねらい

たくさんの花守りたちが「花の願い」をどのような思いで受け止めたのかを考えることを通して、地域のすばらしさに気づき、よりよい地域をつくっていこうとする心情を養う。

（5）　学習過程

段階	学習活動	主な発問と児童の発言	支援（◎）と評価（★）
導入	１　三良坂の良さを見つける。	○三良坂の良さにはどんなところがあるでしょう。	◎よりよい町にしたいというテーマを振り返り、三良坂の良さに目を向けさせる。（板書①）
展開	２「花かげの花守りたち」を聞いて話し合う。 ○切り倒される桜の木に短歌をつるした「わたし」の気持ちを考える。	○「花かげの花守りたち」を聞き、話し合いましょう。 ○「わたし」はどんな気持ちで桜の木に短歌をつけていったのでしょう。 ・桜がかわいそう。 ・せめて花を咲かせてから切って欲しい。 ・最後の花を見たい。 ・桜の木を切るのをやめて欲しい。	◎資料は一括提示を行うため、理解しやすいように場面絵を提示する。

	○道路計画の一部が変更され桜の木が残されることになったときの気持ちを考える。	○道路計画の一部が変更され桜の木が残されることになったときの気持ちを考えましょう。 ・桜が助かってよかった。 ・また桜の花を見る事ができる。 ・市長への感謝の思い。 ・地域の人の思いが通じた。	
展開	○「たくさんの花守り」たちは「花の願い」をどのように受け止めて活動をしているのか考える。	○「花かげの花守りたち」は「花の願い」をどのように受け止めて活動をしているのでしょう。 ・地域の人に見てもらいたい。それがこの町のすばらしさだから。 ・この場所でしか見ることができない。そんな公園にしていきた。 ・この桜をみて町の人に元気になってほしい。	◎ワークシートに記入させ、発言し意見の交流を行う。 （板書②） ★町の良さを残していこうとする市民の心を考えているか。 （発言・ワークシート）
	3自分の生活を振り返る　（内省化） ○三良坂の良さを思い起こす。	○三良坂にはどんな良さがあるのか見つけていきましょう。	
終末	4三良坂の良さを紹介する。	○これからも変わって欲しくない三良坂の良さに気付いていきましょう。	◎三良坂の良さを見つけていこうとする意欲を持たせる。

（6） 板書計画

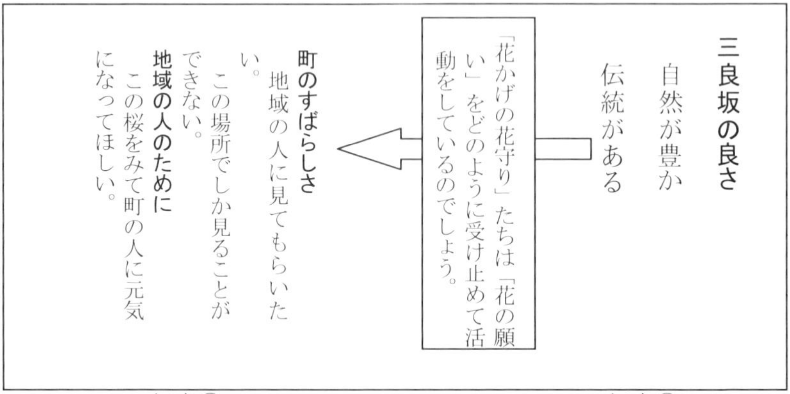

三良坂の良さ
自然が豊か
伝統がある
「花かげの花守り」たちは「花の願い」をどのように受け止めて活動をしているのでしょう。
町のすばらしさ
地域の人に見てもらいたい。
この場所でしか見ることができない。
地域の人のために
この桜をみて町の人に元気になってほしい。

板書②　　　　板書①

（7）　授業の実際

児童の感想

◯桜は人の心に桜を守ろうという気持ちがあったから、また花をつけることができたのだと思います。これからも桜の花を大切に咲かせていこうという気持ちは、町の良さを大切にしていこうという気持ちだと思います。道路工事をすれば人の暮らしは便利になるけど、人の心が豊かになることではないと思います。

◯道路工事をしたら交通の便がよくなるけど、そのために桜が切り倒され、これまで町の人が楽しみにしていた桜の開花が見ることができなくなります。桜の花の願いを書くことによって地域の人が桜の大切さをもう一度考え、桜の木を守りたいという気持ちが強くなったのだと思います。便利さも大切ですが、地域の人が笑顔になるためには、桜の木がとても大切なものだったのだと感じました。

[第３段階：これまでの学習をもとに道徳の時間において生命尊重の価値を深める段階]

道徳授業

（1）　対象学年　小学５～６年

（2）　資料名　涙そうそう（出典：みんなで考える道徳　日本標準）

（3）　主題名　共に生きていくことの大切さ、すばらしさ
３－（１）生命尊重

（4）　ねらい

亡くなった兄への思いを「ありがとう」という言葉を添え、「涙そうそう」を作詞した森山良子さんの心情を考えることを通して、死の悲しみと共に生きていくことの大切さに気付き、精一杯生きていこうとする心情を養う。

（5）　学習過程

段階	学習活動	主な発問と児童の心の動き	支援（◎）と評価（★）
導入	１　「涙そうそう」の曲のイメージをとらえる。	◯「涙そうそう」を聴いてどう思いますか。 ・悲しい歌 ・温かい歌	◎森山良子さんのビデオをみせ、資料への動機付けを行う。

展開	2　「涙そうそう」を聞いて話し合う。	○「涙そうそう」を聞き、話し合いましょう。	◎資料は分割提示を行う。
	①　歌詞に込められた悲しみについて話し合う。	○歌詞に込められた死んだお兄さんへの思いはどんなものだったのでしょう。 ・突然兄を亡くし悲しい思いをしたんだ。 ・残された家族はとても悲しい。	◎森山良子さんの手記を読み、自分の心に残った事を交流させる。 ◎家族を失った悲しみについて考えさせる。
	②　森山さんが、曲や曲を通して出会った人々との交流から気付いた事を話し合う。	○森山さんは、この曲との出会いや曲を聞いた人との出会いから、どんな思いをもったでしょう。 ・自分と同じように悲しい思いをしている人がいるんだ。 ・自分だけが悲しいのではないという思いを持てた。 ・悲しみに共感することができるかもしれない。 ・悲しみをどのように乗り越えればいいのかがわかるかもしれない。 ・これからの生き方を見つけられるかもしれない。 ・生きる勇気を持つことができた。	◎悲しみを抱えて生きてきた人々から感じる人間としての強さに目を向けさせる。
	③「心、元気に生きていきましょう」のメッセージにこめられた想いを考える。	○「心、元気に生きていきましょう」という言葉に森山さんのどんな想いが込められているのでしょう。 ・これからも悲しいことはあるけれど一緒に悩み、気付き、どんなことでも一緒に乗り越えていきましょう。 ・悲しみをもっていても自信を失わずに生きていきましょう。 ・悲しみを消すのではなく、心の片隅に残して胸を張って生きていきましょう。 ・辛さを大切にしながら共に励ましあっていきましょう。	◎親しい人と死別する悲しみやいろいろな悲しみがあるが、悲しみを共有し、互いをいたわりながら生きていくことの大切さや人間の強さに気付かせる。(板書①) ◎ワークシートに記入させる。 ★悲しみは共有できる事や生きていく事の大切さに気付いているか。(ワークシート)

展開		・どんなに悲しいことがあってもそこであきらめたら心が悲しみに染まってしまうから、そうならないように生きていきましょう。 ・自分と同じように悲しみを持つ人に一緒に元気になりましょう。 ・悲しみや苦しみを見つめて生きていけばその思いはきっと自分の支えになるからと伝えたい。 ・涙には色々な意味があるけど、悲しい事やうれしい事があるからこそ元気な心で生きていきたいという思い。	
終末	3「涙そうそう」の手紙を聞く。	○「涙そうそう」の歌を聞き、寄せられた手紙を聞きましょう。	◎寄せられた手紙を聞き、授業で考えた、生きていくことの大切さや悲しみを共有する事で共に生きる事ができるという思いを持ち、よりよい生き方を考えさせる。

（6）　板書計画

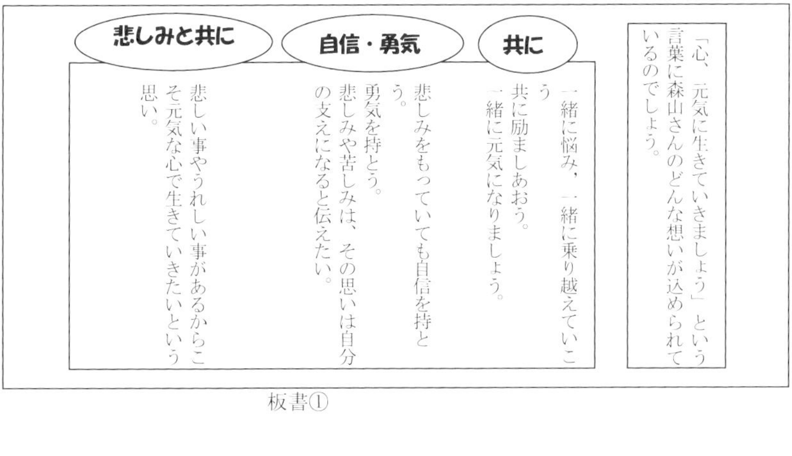
「心、元気に生きていきましょう」という言葉に森山さんのどんな想いが込められているのでしょう。
共に
一緒に悩み，一緒に乗り越えていこう
共に励ましあおう。
一緒に元気になりましょう。
自信・勇気
悲しみをもっていても自信を持とう。
勇気を持とう。
悲しみや苦しみは、その思いは自分の支えになると伝えたい。
悲しみと共に
悲しい事やうれしい事があるからこそ元気な心で生きていきたいという思い。

板書①

（7） 授業の実際

児童の感想

○　涙そうそうの授業をして，沢山の人が多くの悲しみを持っているということに気付くことができました。歌を通して森山さんが思いを伝えることで，多くの人が悲しみを共感しあう事ができたのだと思いました。

○　悲しい思いを心に残して，自信につなげていくことが，とても強い支えになると感じました。森山さんがこの曲を作ったことで，色々な人に生きる勇気や悲しみを共感することができたと思います。そして，その悲しみを心の中に残していくことが亡くなった人の思いを引き継いでいくことになると思います。

○　辛い気持ちを大切にすることはとても難しいことだと感じました。私はまだ「死」というものの意味がよく分からないけれど，残された人の悲しみや亡くなった人の思いを大切にしていこうと思いました。

○　自分も祖父を亡くした時にどうしたらいいのか分からないくらい悲しい思いをしました。その時の気持ちを思い出すと辛くなりますが，辛い思いをなくしたら祖父のことも忘れてしまうような気がするので，辛くても忘れたりしないで生きていきたいと思いました。

３．小中連携の道徳学習プログラムについて

レインボープログラムでは、中学校と行う総合的な学習の時間に行う体験活動である三良坂つながり学習（その他として体育祭や学習発表会などが考えられる）と道徳の時間を意図的に関連させて実施した。体験活動の視点を明らかにし、関連させることで、重点化した価値において、児童の意識が高まりより深く価値について考えることができた。

生命尊重においても、「命を大切にするために自分ができることはどんなことでしょう」というプログラムの開始時の質問に対して、「自分も人も大切にする」等の漠然とした回答が多かった。しかし、プログラム終了後は、自分自身の命に対する意識のみならず他者を意識したり、他者を信じたりしようとする意識が高まっている。このプログラムを小学校５年生、６年生、中学生と共にする体験的な活動と関連させたことで、児童の他者への意識がより高まったと思われる。また、その記述内容をより具体的に表現することができている。

さらに、生命尊重の意識のみならず「自分」「友だち」「家族」「地域」との関わりにおいての意識にも高まりを感じる事ができた。

コラム④

「道徳授業」ってどんな色？

道徳授業を色で例えるとすると、どんなイメージになるでしょうか。教員養成系（初等教育、中学校教育、特別支援教育）大学の必修科目「道徳教育論」を受講する３年生の最初の授業で、アンケートを取ってみました。質問は「道徳授業を色で表すとしたら何色のイメージですか。その理由も教えてください」でした。講義を受ける前に実施しましたので、小中学校で受けてきた道徳授業のイメージが分かります。

【イメージした色と人数（延べ数）】

イメージした色	数	イメージした色	数
白	22名	水色	７名
灰色	21名	黄緑	６名
緑	18名	ベージュ	５名
黄色	15名	無色・透明	４名
茶色	15名	紺	３名
紫	15名	黒	３名
ピンク	14名	虹色	３名
オレンジ	13名	青	３名

その他：若草色（２名）、群青色、小豆色、クリーム色、サーモンピンク、シャーベットカラー、パステルカラー（以上、各１名）

（全体：155名）

もっとも多かった色は「白色（無色・透明）」、次いで、「灰色」、「緑色」の順でした。同じ色でも「薄い灰色」「薄い紫色」「薄いピンク」といった「薄い」、あるいは柔らかいイメージを挙げている学生もいました。また、「サーモンピンク」「シャーベットカラー」「パステルカラー」といった明るいイメージの色もありました。

では、それぞれの色を選んだ理由を紹介しましょう。

まず、一番多かった「白色」は、「良心的な心を育てるので、潔白の白というイメージ」、「人それぞれの答えがあり、正解のないものだから」、「教師の指導法によって、何色にでも変えられる」など。「白」が「善いこと」や「良心」を表していると感じている人と、考えが人それぞれで答えがない、あるいは何色にも染まりやすい、というイメージで捉えている人がいることが分かります。

２番目に多かった「灰色」には、「暗いイメージ」、「いろんな感情が入り混じっているイメージ」、「黒でも白でもない、人にとって正義感も様々であったり、価値観も違うから、あいまいなイメージ」といったものがありました。いじめ、人権などの問題を取り扱ったり、いろいろと悩み考えるといったことが、白と黒の交じり合った灰色のイメージにつながっているようです。

「緑色」を選んだ理由には、「平和や公正というイメージ」、「自然に近い色で心を落ち着かせる」がありました。「平和＝緑」というイメージがあるようです。

実際にアンケートを取ってみて驚いたのは、それぞれがイメージする色が予想していたよりも多様であったことです。心の問題を扱う分野なので、「ピンク」とか、淡い色を予想していましたが、「紫」や「黒」という濃い色、「虹色（人によって見方が異なるから）」など複数の色を挙げる意見もありました。さらに同じ色でもイメージの中身が違っていることが分かりました。例えば、「水色」と回答した学生の中には、「心をきれいにしていくイメージ」と答えた学生と、「答えが決まっておらず、ぼんやりとしたイメージ」と答えた学生がいました。

このイメージの多様性は、そのまま道徳授業の特徴を表わしているように思います。受け取り手によってさまざまに印象が変わること、人ぞれぞれ感じ方や考え方が異なること、そのような中で、道徳授業を通して、他者の多様性に気付き、他者との関係の中でよりよく生きる人間を育てていくのだと思います。

また、理由の記述には興味深いものがたくさんありました。その中からいくつか紹介します。

色	その色をイメージした理由
黄緑	子どもの心が変化するということから、若葉を連想しました。
黄緑	少し暖かいが、人間の心にせまるようなシビアさも入っていると感じるから。
黄色	物語が伝えようとしている意味が分かった時に、その意味がとても共感できたり、道しるべになったりする光のように感じたから。
緑色と黄色	初心者マークのイメージで、こうしたらいいよね、という示しをしているイメージだから。
灰色	人間の悪い心を黒、良心や理性を白だとするならば、その中間で苦しむ心の葛藤や迷い、悩みといった道徳的観点は「灰色」のイメージ。

白	世界にはさまざまな人がいて、それぞれの色をもっていますが、それらがただ集まるだけでは黒になってしまいます。しかし、それぞれに光を持たし集めると白く輝くので、道徳は白いイメージです。
空(水)色	本来、純粋できれいなはずである「人の心」に関する内容であり、そこに現実的な暗い色は入れず、澄んだ空のような色が悪影響を与えないだろうから。

余談ですが、意外に多かった色が「茶色」でした。その理由の多くが「時間割の枠の色が茶色だった」、「黒板の教科カードが茶色だった」といったものでした。この理由に類似するものが、「黄緑」や「緑」など、他の色を選んだ学生の回答にもありました。つまり、副読本の色がこの色だった、というものです。普段、無意識に目にするものが、思いのほか、子どもの心に残るものなのだなと感じました。

（椋木香子）

第５章　中学校の道徳授業

【解説】

中学生は思春期にあり、子どもでありたい気持ちと、大人として取り扱われたい気持ちの間で、揺れ動く時期です。１年生は、多くの場合、複数の小学校の出身者で構成されるので、新しい自分を作り上げることもできますが、またなかなか周りの変容になじめず戸惑うこともあります。２年生は、生徒会や部活動などの責任者になる時期です。生徒自身が何かを作り上げていける自立への喜びの一方で、生徒会活動や部活動に積極的ではない生徒が少なからずいるという現実に悩むこともあります。３年生は、義務教育最後の年であり、それぞれの進路に思い悩む時期です。自分の夢と受験や就職の現実的な選択との間で、未来への希望を持ちながらも、誰にも話せない悩みをかかえ苦しむこともあります。学年によっても、生徒によっても、かなり違いがある時期です。このような時期には、人間なら誰もが直面する葛藤や悩みに共感しつつ、それを自分が生きる上での糧に作り上げていけるような教材を取り扱うことが大切です。

このころの生徒は、三者的思考をします。自分の視点と他者から見た自分の視点との違いを理解し、それらを調整する価値によって判断することができるようになります。判断する際に基準とする価値は人によって異なります。どれが正しくて、どれが間違っているということはありません。絶対に正しくて、絶対に間違いということはないのです。必要とされるのは、状況判断です。けれども中学生はまだ十分な社会体験がありません。状況判断しようにも材料がないのです。そのため、自分勝手な判断になったり、社会的に問題のある判断をしたりすることがあります。それを含め、より広い心で見守り、価値の基準について、社会的な合意がとれるようなものにするよう支援する必要があります。

思春期の生徒が重視することのひとつに、人間関係があります。それが正しいと思っても行えない、善いと思っても躊躇(ちゅうちょ)する理由のひとつが、他人の目線です。人からどう思われるかが気になるのです。このことは、言い換えると、対人関係を良好に保つことを重視する、日本人に特有とされる価値観が芽生え始めたことを意味します。この考え方は小学校高学年から見られますが、価値の判断において有効になるのは中学生ごろからです。この時期には、そうした生徒の心情を推し量り、それでもなお、人間として大切にすべきことがあることを理解させていく必要があります。一人の人間として、生徒の前に立つことが要求されるのです。

第１節と第２節は、心情タイプの道徳授業です。

第１節の「償い」は、歌手のさだまさしさんの歌で広く知られ、副読本にも収められています。取り返しのつかない過ちを背負って、生きていかざるをえないのが人間であるからこそ、お互いの過ちを許す、謙虚な心や広い心をもって生きていきたいと願うものです。でもまた人間は自己本位な存在であり、なかなかそのような心を持つことができません。そうした現実の中で、許すとは何か、許されて生きるとはどういうことか、深く考えさせる教材です。意外なことに、こうした深い教材を学ぶと、生徒たちの心の中に、日常生活をしっかり送ろうとする意志が芽生えてきます。自分の生活体験とは離れている実話ですが、教材のテーマを深く考えれば考えるほど、日常においてきまりを守ろうとする態度や、お互いを思いやろう、許し合おうとする心が育つものなのです。

第２節の「渡せなかったお弁当」は、家族愛について深く考えさせる教材です。中学生にもなれば、家族よりも友だちや先輩を優先するようになります。家族が心配していることがわかっていても、素直にしたがえない、そんな矛盾した感情をかかえています。この教材は、実話をもとにしたもので、遠くの大学にひとり子どもを出す親の悲しみと、それを垣間見た子どものなかに芽生えた、押さえきれない家族への愛慕の情が、冷えたお弁当を食べる子どもの姿に凝縮されています。矛盾した感情をかかえながらも、心の奥底で家族を慕う中学生の感情をゆさぶることでしょう。家族参観日の教材としてもよいかもしれません。

第３節と第４節は心情ジレンマタイプの道徳授業です。

第３節の「尊厳死」は、もはや回復の見込みのない娘を前に、両親が、延命のための治療ではなく尊厳ある死を求めた、アメリカの実話に基づいています。命の大切さは、子どものころから学んできたことです。でも人間には、必ず死が訪れます。それがいつなのか、誰にもわかりません。人間は、不確実な未来に向かって生きる存在なのです。

娘に親よりも長く生きていて欲しいと願うのは、当然のことです。当然のことが難しい現実を前に、親としての思い、娘だったらという思い、医者の立場、法律などたくさん考えなければならないことがあります。「人間が生きる」とは何か、「人間の死」とは何か、生徒が深く考える教材です。

第４節の「杉原千畝の苦悩と決断」は、目の前で助けを求めるユダヤ人と、外交官としての責務との間で苦悩した、杉原千畝氏の実話に基づいた教材です。副読本にも収められています。戦時下という厳しい状況の中での決断は、自分だけでなく家族や国家にもかかわる難しいものでした。そうした中で、判断の結果どのような不都合が自分にふりかかろうとも、毅然として人類愛の立場から、公正・公平な決断を下し行動した杉原の勇気は、悩み多き中学生の心をゆさぶることでしょう。

第５節は、プログラムタイプの道徳授業です。吉中（よしちゅう）太鼓は、この中学校に伝統的に伝わる太鼓の名称です。３学年全員で演目をたたき演じます。中学校で道徳授業と教科・体験活動を関連づける場合、運動会や修学旅行といった行事をコアとするものが多いと思います。ひとつの考えとして、この道徳学習プログラムのように、中学校で３学年を通して中心的に取り組んでいる活動をコアに据えると、学校教育全体を通して行う道徳教育のイメージが明確になります。コアに据えるのは、合唱コンクールや清掃活動など、一人ひとりが活躍することで全体として美しいものになるような活動が望ましいです。

プログラムを説明します。コアとなっている吉中太鼓の練習と発表会を通して、左上の「吉中太鼓の心」、つまり感謝、伝統の継承、礼儀などを学びます。右上の「日々の学習」というのは、太鼓の練習で培った姿勢や所作、動と静、言語技術、反復練習といったことがらを日々の教科学習にも活かすということを示しています。左下の「道徳」は道徳授業を指します。右下の「生活」は、太鼓の練習で身に付けた率先（そっせん）して取り組む意欲や、仲間との関係、感動、達成感などを、生活に活かすということを示しています。

道徳授業で取り上げた内容は、吉中太鼓の創始者である教諭から聞き取った実話を教材化したものです。何もない状態から太鼓を集め、演目を練習してやっと発表会にこぎつけたその直前、メンバーのひとりが重傷を負い、出演できなくなります。そのような状況の中で、発表をとりやめるか、その人なしで発表をするか、選択が迫られます。発表会当日、メンバーが太鼓を並べて、準備を始めました。誰も演じることのない太鼓がひとつ、置かれていました。そのとき、首に包帯を巻いて病院からその人がやってきたのです。来るはずのない友のために太鼓を準備したメンバー、メンバーを信じてやってきたその人。ここから、吉中太鼓は始まり、今日まで継承されてきたのです。この教材は、表面的に取り繕（つくろ）うことになりがちな友人関係について考えさせる、深い内容のある教材です。

このように中学生の時期は、先生がどうしても生徒に伝えたいと思う、人間として深まりのある教材を使って、人間としての生き方について深く考えさせることが求められます。義務教育最後の年に、これから社会に出て行く人間を育てるという視点に立って、生きることの悩みや苦しみ、喜びや希望を伝えるのが、この期の道徳授業において大切なことです。

第１節　心情タイプの道徳授業の展開１

１．学習指導案と授業展開

（1）　対象学年　中学生

（2）　資料名　償い（さだまさし）（出典：かけがえのないきみだから　中学生の道徳２年　学研）

（3）　内容項目　許す愛　２－（２）人間愛、思いやり

（4）　主題観

他の人とのかかわりの中で、温かい人間愛の精神を深め、これを身に付けることは人間としてきわめて大切なことである。人間愛の精神は、互いの存在を、強さも弱さも持ち合わせた生身の人間として、丸ごと肯定的に受け止めようとする思いが普遍化されたものである。

思いやりの心は、自分が他に能動的に接するときに必要な心の在り方である。すなわち、他の人の立場を尊重しながら、親切にし、いたわり、励ます生き方として現れる。それはまた、黙って温かく見守るといった表に現れない場合もある。他者の思いやりに触れ、それを素直に受け止めたとき、人は自ずと感謝の念を抱くようになる。豊かな人間関係を築くためには、謙虚な心と広い心が重要である。誰でも過ちを犯すものであるとの自覚があるからこそ、広い心で他者の過ちを許すことができる。自分に対する謙虚さがあるからこそ他者に対して寛容になることができる。しかし、私たちは自分と異なる意見や立場を受容しかねるなど、自分本位に陥りやすい弱さをもっている。自分を謙虚に捉え、他者の過ちを許す態度や相手から学ぼうとする広い心をもつことは大切である。

（5）　生徒観

中学生の時期には、人間愛に基づく他の人とのかかわりをもつことの大切さを理解できるようになってくる。しかし、人間的な交わりの場が急速に少なくなりつつある社会環境と合わせて、温かい人間愛に恵まれないと

感じて、人はとかく利己的、自己中心的になりやすく、他を省みない行動に走る場合がある。それが、問題行動やいじめ、不登校として発現する。他の人とのかかわりの中で、温かい人間愛の精神を深めることでこの課題を解決できると考える。

(6) 指導観

本資料は、昭和57年に発売された、さだまさしのアルバム『夢の轍』の中の1曲であり、実話を元に作られた曲である。平成14年2月、三軒茶屋駅事件の裁判の中で山室惠裁判長が反省の色の見られない少年に対して、「唐突だが、さだまさしの『償い』という歌を聴いたことがあるだろうか」「この歌の、せめて歌詞だけでも読めば、なぜ君らの反省の弁が人の心を打たないか分かるだろう」と説諭したことで話題となった。

ゆうちゃんは交通事故で人を殺してしまった。「人殺し　あんたを許さない」と被害者の奥さんにののしられ、ひたすら大声で泣きながらただ頭を床にこすりつけるだけだったゆうちゃん。その後、毎月、郵便局から送金を続ける。7年目に奥さんから始めて手紙が届く。「ありがとう　あなたの優しい気持ちはとてもよくわかりました。だからどうぞ送金はやめて下さい。あなたの文字を見る度に主人を思い出して辛いのです。あなたの気持ちはわかるけど、それよりどうかもうあなたご自身の人生をもとに戻してあげて欲しい」と。手紙を読み、僕の部屋に泣きながら走りこんできたゆうちゃん。「手紙の中身はどうでもよかった。それよりも償いきれるはずもないあの人から返事が来たのがありがたくて……」。その姿を見た僕。「神様って思わず僕は叫んでいた。彼は許されたと思っていいのですか。来月も郵便局へ通うはずのやさしい人を許してくれてありがとう」。そして「人間って哀しいね。だってみんなやさしい。それが傷つけあって、かばいあって。何だかもらい泣きの涙がとまらなくて……」と結ぶ。

生徒は、人の命の重さ、自分を犠牲にしてでも行なう償いの尊さ、相手を許す広い心の尊大さに触れ、人間愛と思いやりの心を醸成させることができると考える。同時に、誰でも過ちを犯すものであるとの自覚や強さも弱さも持ち合わせた生身の人間であることの自覚を持たせたい。

指導にあたっては、次の２点に留意していく。

① 生徒個々の道徳性の発達段階を上げることを目的とする。

② 生徒指導の３機能を生かした道徳授業を展開し、生徒の自己指導能力を養う。

【道徳性の発達段階】

①の生徒の道徳性の発達段階については、次に示すコールバーグが設定した３水準６段階の道徳性の発達段階を基に考えていく。

表５－１　コールバーグの道徳性の発達段階

水準	段階	説明
Ⅰ　慣習的水準以前	第１段階	罰と服従への志向
	第２段階	道具主義的な相対主義志向
Ⅱ　慣習的水準	第３段階	対人的同調、あるいは「よいこ」志向
	第４段階	「法と秩序」志向
Ⅲ　慣習的水準以降	第５段階	社会契約的な法律志向
自律的、原理化された水準	第６段階	普遍的な倫理的原理の志向

コールバーグのステージ理論の特徴の一つに、普遍の連続性がある。それは、子どもは道徳判断のそれぞれのステージを必ず一つひとつ段階を追って上がっていく。子どもの進む速度に違いがあったり、あるステージで、停止することはあるが、上昇する限り、このステージに従って移行していく、ということである。（永野重史編、1985年）すなわち、教師が道徳的価値伝達型の道徳授業を行って高い道徳的発達段階を示しても、発達段階の低い生徒はステージを上げることができない。第２段階の生徒には第３段階の道徳性を、第３段階の生徒には第４段階の道徳性を触れさせないといけない。それ故、生徒同士が互いの道徳性に触れる時間を多く持つ必要がある。中学校の道徳性の発達段階の到達目標は第４段階であるが、生徒の中には第２段階や場合によっては第１段階で止まっている生徒もいる。よって、今回の目標は第四段階に進むための第３段階、第２段階の醸

成とし、指導していく。

【生徒指導の３機能を生かした道徳授業】

②の生徒指導の３機能を生かした道徳授業については、次の通りである。

坂本昇一（1999年）は、「生徒指導とは、一人ひとりの児童生徒の個性の伸長を図りながら、同時に社会的な資質や能力・態度を育成し、さらに将来において社会的に自己実現できるような資質・態度を形成していくための指導・援助であり、個々の児童生徒の自己指導能力の育成を目指すものである」という。ここでいう自己指導能力とは、「その時、その場で、どのような行動が適切か、自分で考えて、決めて、実行する能力」である。そして、この自己指導能力を育てるためには、生徒指導を機能としてとらえ、教科等の領域に作用させることが大切であるという考えから、生徒指導の機能として、次の３要素を挙げている。

○　児童生徒に「自己決定」の場を与える。

○　児童生徒に「自己存在感」を与える。

○　「共感的人間関係（人間的ふれあい）」を基盤とする。

このことから、生徒指導の３機能を生かした道徳授業とは、次のように考える。

○　生徒が道徳的価値についての理解を深める過程で、「自己決定」の場を与えることにより、道徳的価値を自分とのかかわりでとらえられるようにする。

○　自分とのかかわりでとらえた道徳的価値を自らが表現することと、「人間的ふれあい」を基盤とした周りの共感的な受容によって、「自己存在感」を持たせる。そのことによって、「人間理解」や「他者理解」を深めていく。

よって、「書く活動」や小集団での話し合いを取り入れ、自分の道徳的価値についてしっかり深め、それを表現することで周りと共感できるように指導していく。

（７）本時のねらい

○　ゆうちゃんの償う姿を通して、人間愛に触れ、思いやりの心をはぐくむ。（道徳性の発達段階）

○　自分が同じ立場になった場合を考えることを通して、賠償とかの法的保障を超える「他者に対する思いやりの心」の大切さに気づかせる。（生徒指導の３機能）

（８）　留意点

①効果的な資料提示

本資料は音楽資料なので、歌詞をいつ提示するかがポイントとなる。基本は、最初の提示は音楽のみがいいと考える。それも、なるべくよい音響装置を使うことが必要になる。そして、途中で個人思考する場面で、補助として歌詞を提示したほうがより効果的である。決して内容を細かく理解させようとしないのが、生徒の感性に満ちた多様な意見を引き出すコツとなる。長いエンディングではあるが、途中で止めないことも心情的に迫る場合は大切なこととなる。

②積極的な対話の手立て

「書く活動」は自分の考えをまとめることで「自己決定」の場を与え、道徳的価値を深める他に、発表の前準備やあとで道徳性の高まりを評価するのに有効である。とりわけ、中学生という発表をしたがらなくなる時期には、先に書かせておいてそれを発表させるということも最初の段階では効果的である。

班等の小集団の話し合いは、「自己存在感」を与えることや「共感的な人間関係」をはぐくむことに効果的である。必ず１回は自分の意見を発表する。そこで仲間に納得や共感してもらい、自信を持って全体で発表する勇気をもらう。道徳授業では誰もが主人公になれるということが大切である。

③ねらいに迫る手立て

第１に説明しすぎないこと。前半の導入や基本的な発問では時間をかけず、中心発問に時間を割くことが一番の重要なポイントとなる。中心発問では、コールバーグの道徳性の発達段階に準じて、発達段階ごとの発言を予想しておくことが大切になる。

また、生徒に意見をまとめさせるのではなく、心を打つ意見を優先させること、さらに、全体の集団思考に於いては教師の補助発問が重要になる。

(9) 学習過程

段階	学習活動	主な発問と生徒の心の動き	支援（◎）と評価（★）
導入	1　本資料に関する新聞内容を聞く。	○平成14年２月、三軒茶屋駅裁判で殺人を犯して反省の色のない少年に対して、山室惠裁判長は歌謡曲を引用して心に訴えた。「せめてこの曲の歌詞だけでも読めば、なぜ君らの反省の弁が人の心を打たないか分かるだろう」	◎償いの歌詞に関心を持たせる。
展開	2　資料の歌を聞き、話し合う。 ○事故直後の、ゆうちゃん、奥さんの心情をつかむ。	○ゆうちゃんは、どんなルールを犯したのか。それは、人生をどう変えたのか。ゆうちゃん、奥さんそれぞれの立場になってその時の気持ちを考えよう 【ゆうちゃん】 「人殺し　あんたを許さない」と言われたとき、どんな気持ちだったのか。 ・絶望的だ。 ・どう償ったらいいんだろう。 自分が犯してしまった過ちを償うため、毎月郵便局へ行っているとき、どんな気持ちだったのか。 ・ただ、ただ、許してほしい。	◎補足は、３人の関係と現金書留程度にとどめる。 ◎ゆうちゃんと奥さんの心情を推し量るきっかけになる発言を意図的指名により導き出す。 ◎一人ひとりが自分の感性で考え、中心発問につなげられるよう、意見は最低限にとどめる。

		【奥さん】 「人殺し　あんたを許さない」と言ったとき、どんな気持ちだったのか。 ・絶対に許さない。 ・大事な主人を奪ってどうしてくれるんだ。 「送金はやめて下さい」と言ったとき、どんな気持ちだったのか。 ・主人を思い出してつらい。 ・自分の人生を取り戻してほしい。	
展開	○手紙をもらったあとのゆうちゃんの行為の理由を考える	○ゆうちゃんは、来月送金をするべきか、送金をすべきでないか。その理由は？ ゆうちゃんの立場で考えよう。	◎役割取得を促す ◎行為の理由づけをさせることにより、発達段階を見取ることで、一人ひとりの道徳性を向上させていく。
	個人思考１ **【自己決定】** ○一次決定し、理由を考える。 集団思考１ **【自己存在感】** **【共感的人間関係】** ○班で意見を出し合う。 ○班の意見を全体で発表する。	【送金すべき】 ・送金をやめると罰が当たる（１段階） ・自分が納得できないから（1.5段階） ・送金しないと恨まれるかもしれない（２段階） ・奥さんが少しでも経済的に楽になればよい（２段階） ・奥さんに償いの気持ちを伝え続けたい（３段階） 【送金すべきでない】 ・送金したら、恨まれる（１段階） ・奥さんがしなくていいと言っている（２段階）	◎個人思考後、意思を表示させる。（カード利用） **【書く活動】** ◎班内では、一人ひとりの意見を尊重するよう指導する。 ◎班の意見は、片方でも両方でもよい。 ◎表示に工夫する。 （紙、小黒板、ホワイトボードシート）

展開	**集団思考２** **【自己存在感】** **【共感的人間関係】** ○各班の意見を共有する。 **個人思考２** **【自己決定】** ○二次決定し、理由を考える。	・奥さんに気持ちが伝わったから、奥さんの気持ちを優先させる（3段階）	◎各班の意見を掘り下げる心情的補助発問をする。 ◎意見の練り合いを図る。 ★再び判断させ、理由づけさせる。後でその変化より、道徳性の高まりを見取る。（ワークシート） **【書く活動】** ◎曲を流す。
終末	3　教師の思いを述べる。	○償うことは簡単ではない。人は過ちを起こすかもしれない。その時、どうするか、人として問われる。	◎基本的には、オープンエンドとする。

（10）板書計画

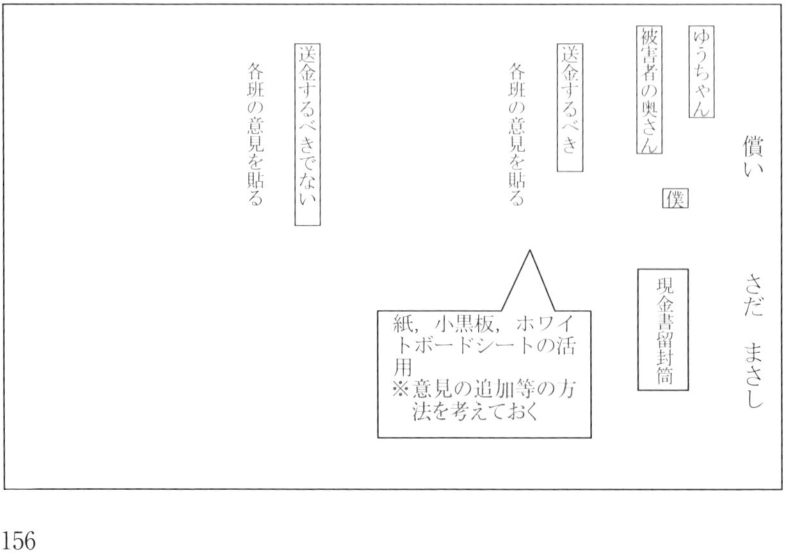

（11）　授業の実際

【活動の流れ（展開部分）】

> ［中心発問］
> ゆうちゃんは、来月送金をするべきか、送金をすべきでないか。その理由は？
> ゆうちゃんの立場で考えよう。

【第２段階】

○ゆうちゃんは、償いきれなくても、奥さんに少しだけでも許してもらうために、毎月７年間もお金を送り続けて、すごいなと思ったから。

○奥さんから、手紙が来たからといって許されたということではないと思う。手紙の内容からしても、あんまり許していないような感じだから。

○送金すると奥さんが迷惑するから。

【第３段階】

○ゆうちゃんは、「奥さんが、ゆうちゃんの字を見るたびに、主人を思い出してつらい」という気持ちを手紙で知ったので、これも償いだと思って送金しない。

○奥さんは、主人が死んだことを許せないけど、送金はやめてほしいと言っている。犯してしまった過ちは許されるわけはない。

○許すことができないのなら、「あなたご自身の人生を元に戻してほしい」とは思わないと思った。

○奥さんがゆうちゃんのやさしさを分かってくれたから。

○最後に一回だけ多めに送金する。しめくくりとして。

【道徳性の発達段階を高める補助発問】

《２段階から３段階へ》

○ゆうちゃんは、なぜ７年間も送金を続けたのだろう。奥さんは、なぜ、それを受け取ったのだろうか。

○ゆうちゃんは、誰のために償おうとしたのだろうか。

○奥さんは、どうして手紙を書いたのだろうか。

《3段階から4段階へ》
○奥さんから手紙が来たことで、ゆうちゃんは許されたのだろうか。
○ゆうちゃんは、法的には十分責任を取ったはず。それなのに、なぜ送金を続けたのだろう。
○どうして過ちが起きるのだろうか。過ちはどう償うべきだろうか。
○許すこと、償うこと、とはどういうことだろうか。

【活動の流れ（終末）】

【教師の終末の問いかけ例】
償うことは簡単ではありません。ゆうちゃんは法律で裁かれた後に、自分の心が許さないから、働いて働いて、被害者の奥さんに仕送りを続けます。その気持ちは、7年たって、奥さんに伝わりました。
ゆうちゃんの必死で償う気持ち、それを受け入れた奥さんの気持ち、どちらもすごいとあなたたちが思っていることは授業をしていてわかりました。そして、ゆうちゃんも奥さんも「ゆうちゃんが交通事故で人を殺した」という事実だけは、一生、心に残っていくと考えていることもわかりました。そして、「ふたりの悲しみは決してなくならないだろう」ということも……。
わたしたちはこれからの人生において、過ちを犯すかもしれません。それは、先生もあなたたちも一緒です。ゆうちゃんは、その時、心でとらえることが大事であると教えてくれたのではないでしょうか。
しかし、過ちを犯さないよう努めて生きていかなければなりません。

（12） 授業評価

道徳性の高まりについては、個別に評価すべきであるが総体的に高まっている。それは、生徒指導の3機能を生かした授業の効果であった。
次のように、自己理解や社会理解の高まりが認められた。

○ゆうちゃんも奥さんもとても辛そうで可哀想で心に残りました。自分だって奥さんと同じようになる場合だってあるし、その逆になるかもしれないって思うとどうすればどちらも悲しまずになるんだろうと思いました。
○時に間違ったことをして、いくら償っても過ちを犯してしまったという事実は一生残って行くので、過ちを犯さないようにして生きていかなければならない。

それには、「自己存在感」、「共感的人間関係」が機能している。

○この授業は、考えやすく、自分は発表していないけど、意見はたくさん言うことができたと思っています。
○ふだんあまり考えていないことを考えさせてくれて勉強になったりとかして自分のためにすごく役に立っているような気がします。自分なりの考えがもてたというか、ほとんどみんなの前で発表することが苦手なのでいい経験になったと思います。

しかし、１時間単発の道徳授業は難しいと考える。資料提示時間の長さや中心発問にかける時間の確保が課題となる。道徳・教科・特別活動・総合的な活動の時間と有機的に関連させることで、より有効になると考える。

(13)　中学生の道徳授業にとって大切なこと

この「償い」を初めて聴いたのは平成14年２月、三軒茶屋駅裁判をきっかけとしてである。その年の４月から道徳教育で、広島県の教員長期研修を受けることとなり、その中で、この「償い」を資料として使った授業を行った。その時、音楽を道徳の資料として使ってよいものだろうかという不安があった。しかし、実際に授業をして生徒の反応は予想以上であった。

なぜ、生徒に受け入れられたのかを考えた時、一番の理由は私自身がこの資料に感動したからである。そして、準備することができた。当時、中２の娘にこの曲を聴かせた。「よくわからないけど、最後の部分がいいね」と言った。(『かけがえのないきみだから　中学生の道徳２年』学研、11ページの歌詞参照。) ここを中心に授業を構成した。

心情タイプの道徳授業は、「教師自身の感動・共感が児童生徒の心に伝わる」ということだと思う。一時「償い」は資料として多く使われ、そして、使われなくなっていった。道徳授業を上手に行うには、資料に真剣に対峙し、その中で一番自分が感動・共感することを児童生徒に伝えればいい。それは、教師ならたやすいことと考える。

また、生徒が解こうとする気になる発問の大切さやその前段の資料の力を生かすことの大切さを学んだ。答えは一つではない。生徒は、知恵を絞り、合理的で納得のいく考えを一生懸命考えてくれた。それこそが「生きる力」へと繋がると感じた。

引用・参考文献

永野重史（編）『道徳性の発達と教育――コールバーグ理論の展開』新曜社、1985年。
坂本昇一『生徒指導が機能する教科・体験・総合的学習』文教書院、1999年。
日名貞秋典『生徒指導の機能を生かした道徳教育の在り方――「規律尊重の精神」を育成する統合的プログラムの作成を通して――』広島県立教育センター、2002年。
『かけがえのないきみだから　中学生の道徳２年』学研

第２節　心情タイプの道徳授業の展開２

１．学習指導案と授業展開

（１）　対象学年　中学生

（２）　資料名　渡せなかったお弁当（石川敬一作）

（３）　内容項目　家族の無私の愛　　４－（６）家族愛

関連項目　２－（６）感謝、１－（２）強い意志

（４）　主題観

集団の中ではそれぞれ違った役割がある。それぞれが役割を果たしてこそ、集団は目標に対して大きな成果を成し遂げることができる。家族は、それを自覚していく最初の集団である。中学生にも家族の一員としての役割を考えた行動が求められる。しかし、自立への思いが強まるこの時期には、家族を疎ましく感じてしまい、ともすれば家族に守られ、支えられている自分には目が向きにくくなることもある。どんな状況であろうと愛情を注がれている家族の絆に気付き、改めて自分の家族を見つめ直していくことは重要である。

（５）　生徒観

中学生ともなると具体的な自分の進路について考える。特に、中学３年生では、夏季休業中にオープンスクールに参加するなど、自らの進路につ

いてより具体的に考えたり、家族で話し合ったりする機会も多くなっている。その中で本人の希望と保護者の希望が一致しないことに悩んでいる生徒もいる。また、部活動の熱心さに比べ家庭学習に取り組む時間が少ないことを保護者に指摘され、反発している生徒もいる。遠慮がないだけに、家族に対しては些細な言葉に強く反発したり、心からの忠告に素直に応じられなかったりすることも多い。

（6）　指導観

本資料は自作資料である。家族で小さな紙箱屋を営んでいる哲也は、親元を離れて教職を目指し遠方の大学へ進学する。自分なりに家族への負担を考え、進学先を決めた哲也は、入学式についてくる母に反発する。新しい土地で自分の力で生活していこうとする哲也には、母の心配がかえって疎ましく感じられ、ついにひどい口喧嘩（くちげんか）をしてしまう。しかし、見送りの東京駅のホームで顔を上げられないまま涙する母の姿に、はっとする。その後、哲也は、一人下宿に帰って母の深い愛情に改めて気付く。

展開にあたっては、まず、母の言動に反発する哲也の気持ちについて、日頃の自分と重ね合わせることで共感的に理解させる。そして、予想もしなかった母の姿に直面し動揺する哲也の心の動きを考えさせることを通して、実は自分たちも普段から家族の深い愛情に守られていることに気付かせていく。そして、家族が自分のことを心配してくれていることを示す自らの経験を思い起こさせ、家族の無私の愛情に素直に感謝できる心情を育てたい。

（7）　本時のねらい

下宿に帰って、渡せなかった弁当をほおばったとき、哲也の気持ちを考えさせることによって、家族の深い愛情に気づかせ、家族に対して感謝する心情を育てる。

（8）　留意点

資料全体が少し長いので、場面ごとに区切って読む方が効果的である。後に掲載した資料を番号①、②、③で分割提示をするとよい。

また、ワークシートに吹き出しを作り、まずは短い言葉で「つぶやき」を記入させる。そして、その言葉の裏にある心情を書かせるという方法を用いる。これだとワークシートの記入が苦手な生徒も取り組める。また、比較的分類が早くでき、あとの意図的指名がやりやすいという利点がある。

（9） 学習過程

段階	学習活動	主な発問と生徒の心の動き	支援（◎）と評価（★）
導入	1　家族の日常の言葉がけについて考える。	◯家族の何気ない一言に、カチンときたことがありますか。 ・このままでは高校に通りませんよ。 ・ほら、言ったとおりでしょう。	◎身近な家族の一言を疎ましく感じたり、反発したりした経験を想起させておく。 （あらかじめ、日記やグループノートから適当なものを準備しておいてもよい）
展開前段	2　資料①を読み、登場人物の置かれた状況を確認する。	・哲也：先生になりたい。 ・祖父：家業を継いでほしい。 ・父：賛成　先生になりたかった。 ・母：反対　？	◎似顔絵を用いて、家族の進学に対する思いを図示し、関係をおさえておく。（板書①）
	3　資料②を読み、哲也の気持ちを話し合う。	◯哲也は、張り切る母を見て、どう感じたでしょうか。 ・はずかしい もう大学生なのに。 母に頼っているように見える。 ⇒自分がカッコ悪い ・腹が立つ 合格を喜んでくれない。 ⇒自分のことを思っていない 急に母親ぶる。 ⇒　世間体を気にしている 一人でやりたい。 子ども扱いされる。 ⇒　信用されていない	◎哲也が母に対して反発する気持ちに共感させる。（板書②） （ここで哲也の気持ちに、十分共感させておくことが大切）

展開後段	4　資料③を読んで、哲也の気持ちを話し合う。	○哲也は、なぜ慌てて車両から降りたのでしょうか。 ・びっくりしたから まさか泣いているとは。 ・どうしていいかわからない 思ってもみないことがおきた。 頭が真っ白になった。 ・今までの母とは違っていたから 心配してくれていた。 世間体を気にしていない。 母の弱さを見た。	◎短い言葉（「つぶやき」）で表現させ、予想しなかった母の変化に対する哲也の気持ちを整理する。 （板書③）
		○下宿に帰って、渡せなかった弁当をほおばったとき、哲也はどんなことを考えたのでしょうか。 ・ごめんね（自責） 自分のことしか考えていなかった。 もっと優しくすればよかった。 お母さんの気持ちに気づけなかった自分が情けない。 ・ありがとう（感謝） ずっと心配してくれていたんだ。 お母さんの本当の気持ちがわかった。 ・これからがんばる（恩返し） 心配はかけられない。	◎母の無私の愛にふれ、それに気づかなかった自責の念と母への感謝の気持ちについて話し合う。（板書④） ★主人公の自責の念と母への感謝の気持ちに気づいているか。 （発言） 「つぶやき」で表現させ、分類する。価値の高いものがあとにくるように板書する。
	5　面倒くさい、疎ましいと思っていた家族の言葉に愛情を感じた経験を振り返る。	○哲也くんと同じように、そのときは嫌でも、あとから家族の思いに気づいたことはありませんか。 ・部活動の試合直前、スタメンをはずされ、練習を嫌がったとき、「最後まで自分とチームのためにがんばりなさい！」とひどくおこられたが、試合当日、応援にきてくれた。	

終末	6　教師の説話を聞く。	・先生の家族への思いを聞き、自分の家族への思いを深める。 （吹き出し）目を閉じて聞かせるなど工夫して、余韻を大切にする	◎さだまさしの「案山子（かかし）」CDを聞かせ、余韻を持たせて終わらせる。

（10）資料

渡せなかったお弁当（石川敬一作）

資料①

３月とはいえ、まだ寒さが残るときである。

哲也は、大学の合格結果を知らせる電報が届くのを、今か今かと待っていた。

第１志望の地元国立大は不合格。残るは第２志望の山梨県の公立大学のみである。２月の時点で東京の私立大学に合格しているものの、初年度から100万円の経費がかかる。100万円が４年間。それは、哲也の家にとって大きな負担である。

哲也の家族は４人。祖父、父、母、と哲也。福山市*で小さな紙箱屋を営んでいた。明治生まれの祖父は京都で丁稚奉公をして菓子箱作りを学んできた。戦争で一度は全てを失ったが、一家は懸命の努力で何とか店を立て直してきたのだ。

＊広島県東部の市

祖父は、自分の興した家業を継いでほしい気持ちでいっぱいだったのだろう。

「箱屋を継ぐんなら、給料をたくさん出すぞ。」
ことあるごとに、哲也にそう言った。

ところが、哲也は紙箱屋を継がないつもりだった。教師を目指していたのだ。

できれば学費の安い公立大学へ行きたい。哲也はそう考えていた。家にこれ以上の迷惑をかけたくなかったのだ。

それでも、母は常々こう言っていた。

「朝起こしてもなかなか起きん。ご飯もよう作らん。何が一人暮らしじゃ。」

父だけが、いつも哲也を励まし、支えてくれた。

「哲也、先生になれ。じいちゃんにはわしが*言うちゃる。」

＊言ってやる

実は父も教師になりたかったのだが、選んだのは店の仕事に役立つ商業高校だった。まだ小さく貧しかった祖父の店では、それ以外の選択はありえなかったのだ。

哲也は自分を支えてくれる父の期待にも応えたかった。

「来た。」

黒い箱をうしろに積んだバイクが、見る見るうちに近づいてくる。礼もそこそこに、慌てて中を見た。

「ゴウカク　○○ダイガク」

「父さん！　合格したでぇ。やった！！一人暮らしじゃ。」

哲也の大きな声に驚いて、父がとび出してきた。

「やったな、これで一歩近づいたな。おめでとう。」

父はもちろん、意外にも、祖父もまたとても喜んでくれた。

「わが家からも、学士様が出るんか。」

しかし、母だけは、何も言わず、いつもの紙箱作りにもどってしまった。

哲也は何も言わない母が気になったが、合格したことで有頂天だった。

資料②

４月、入学式は２日後に迫っていた。

「何で親がついてくるんだよ。大学生にもなって、恥ずかしいよ。」

「*何言ようるんよ。一人じゃ身のまわりの物もそろえられんでしょう。母さんがついていくけえ。」

＊何を言ってるの

「いいよ。どうせ来るんなら、父さんにしてぇやあ。」

母の同行を、哲也はかたくなに拒んだ。（喜んでくれた父さんと行きたかったのに…）

しかし、父ははっきりとこう言った。

「母さんに行ってもらう。そのほうが、わしも安心じゃけぇ。」

哲也はしぶしぶ承知した。

入学式前日、哲也と母は福山駅を出発した。東京駅までひかり号で５時間。その後、中央線に乗りかえて２時間。中央線の大月駅で、さらに私鉄に乗り換え、ようやく大学前の駅に到着した。母は父との結婚以来、家事と箱作りに追われ、一人で旅をした経験がない。切符の購入から電車の乗り換えまで、全て哲也が面倒を見た。

それなのに、母は眉間にしわを寄せてこまごまとしたことを言い続けた。

「洗濯物はためたらいけんよ。こまめに毎日洗うんよ。食器もそうじゃ。使ったら、水につけておいて、すぐ洗うんよ。」

しかも、下宿に着くと、母は大家さん一家の前で、満面に笑みを浮かべ、ていねいに頭を下げ、お土産を差し出した

「これからお世話になります。どうぞ、よろしくお願いします。」

「気になることがあったら、何なりと叱ってやって下さい。ご迷惑をおかけいたしますが、どうか、よろしくお願いいたします。」

哲也は、段々と腹が立ってきた。この下宿を見つけたのは自分だ。これから一人で暮らしていくのだ。それなのに……。

「母さん、あんまり子ども扱いせんでえや。ぼくは一人でやっていくんじゃけぇ。」

「*そんぎゃんゆうても、心配じゃろうで。まだまだ子どもじゃけえ、よう頼んどかんと。」

*そんなこと言っても

「そんなら、今日までがまんするわ。明日からは、自分一人で自由にやっていくわ。」

母も言い返してきた。

「私も、明日からあんたを*朝はよう起こさんでもようなるけぇ、気が楽になるわ。」

*朝早く起こさなくてもよくなるから

哲也は不機嫌な顔で押し黙った。

翌日の入学式は盛大だった。小さな大学とはいえ、やる気に満ちた新入生で一杯の体育館は壮観だ。いよいよ新生活の

スタートだ。早速今夜、新入生の歓迎会があるらしい。入学式後、新入生たちの間では、その話題でもちきりだった。しかし、哲也は旅慣れない母を東京駅まで送っていった。

資料③

東京駅のみどりの窓口で、哲也が切符を買い、売店でお弁当とお土産を買って、二人は並んで新幹線のホームに上がった。

「人さまに迷惑かけちゃあいけんよ。何かあったら、すぐ電話するんよ。……*しんどかったら、いつでも帰ってくりゃあええけぇね。」

「わかってるよ。いつまでも子どもじゃないんじゃけぇ、もう心配せんといて。」

哲也は強い口調で言い放った。

それきり、母は何も言わなくなった。

エスカレーターに乗っている時間がとても長く感じられた。

車両はもうホームに停まっていた。哲也は、母の荷物を抱えて車両へ乗り込んだ。

「16番、E。」

座席を確認して母を座らせ、荷物を網棚の上に置いた。

「私は、もう一人で帰れるけぇ。あんたは、さっさと帰り。」

「わかった。じゃあ。」

哲也は、ホームへ降りた。外はもうすっかり日が暮れている。

（ああ、これから大学まで帰るのに、また３時間近くかかるのか……）

２、３歩歩いてから、母の弁当を持っていることに気づいた。

「しょうがないな」とつぶやいて、哲也は再び車両にもどった。哲也はドア越しの母に目をやった。

母は前かがみになって両の手のひらで顔を覆っていた。肩が小刻みにふるえているのが分かった。

*つらかったら

哲也は、慌てて車両から降りた。
「ジリリーン」
発車を告げるベルが激しく鳴り響いた。哲也は、突っ立ったままだった。
「プシューッ」
列車の扉が静かに閉じられた。
母の肩のふるえが大きくなった。聞こえるはずのない母の声が聞こえてくる。哲也は胸がしめつけられるようだった。
列車が静かに動き出した。母がだんだん離れていく。
そして列車は走り去った。
哲也は、ホームに一人立ちつくしていた。母に渡すはずの弁当の入ったビニール袋を握り締めたまま……。

哲也はだれもいない下宿に一人帰った。テーブル代わりのこたつの上にお弁当の包みを置いて、しばらく黙って考えていた。それからおもむろに弁当を開き、食べ始めた。冷たくなったごはんを口にほおばると涙がほほをつたって流れて止まらなかった。

(11) 板書計画

(p.169参照)

(12) 授業の実際

第2回尾道市道徳研究大会（平成18年）の公開授業で実施した。約700名の観衆を前に、ステージで公開した。自作資料については、横山利弘先生（関西大学大学院教授）のご指導を受け、作成した。当時の尾道市教育研究会道徳教育部会のメンバーの協力で、模擬授業も幾度となく実施した。当日も、同僚の先生方はもちろん、生徒がしっかり考え、発表してくれ、共に授業を創ることができた。

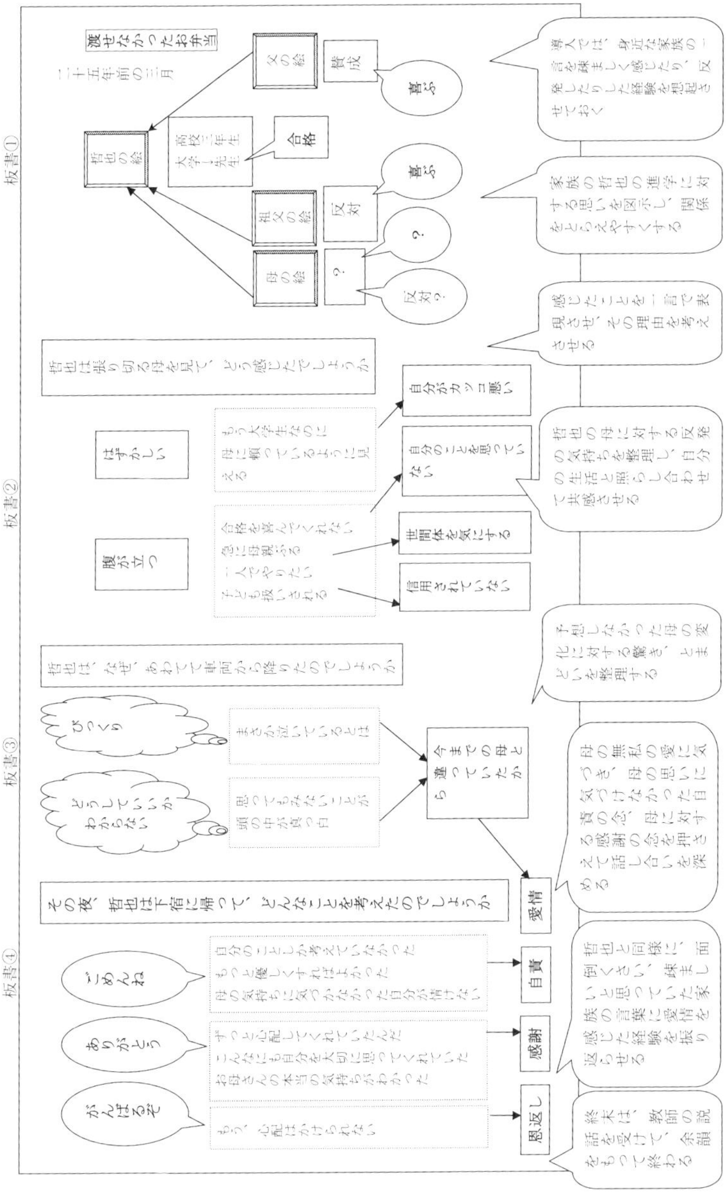
板書①
渡せなかったお弁当
二十五年前の三月
哲也の絵
高校三年生
大学↓先生
合格
父の絵
賛成
喜ぶ
祖父の絵
反対
喜ぶ
母の絵
?
?
反対?
導入では、身近な家族の一言を嬉しく感じたり、反発したりした経験を想起させておく
家族の哲也の進学に対する思いを図示し、関係をとらえやすくする
板書②
哲也は振り切る母を見て、どう感じたでしょうか
感じたことを一言で表現させ、その理由を考えさせる
はずかしい
もう大学生なのに母に頼っているように見える
腹が立つ
合格を喜んでくれない
急に母親ぶる
一人でやりたい
子ども扱いされる
自分がカッコ悪い
自分のことを思っていない
世間体を気にする
信用されていない
哲也の母に対する反発の気持ちを整理し、自分の生活と照らし合わせて共感させる
板書③
哲也は、なぜ、あわてて車両から降りたのでしょうか
予想しなかった母の変化に対する驚き、とまどいを整理する
びっくり
まさか泣いているとは
どうしていいかわからない
思ってもみないことが頭の中が真っ白
今までの母と違っていたから
愛情
母の無私の愛に気づき、母の思いに気づけなかった自責の念、母に対する感謝の念を押さえて話し合いを深める
板書④
その夜、哲也は下宿に帰って、どんなことを考えたのでしょうか
ごめんね
自分のことしか考えていなかった
もっと優しくすればよかった
母の気持ちに気づかなかった自分が情けない
自責
ありがとう
ずっと心配してくれていたんだ
こんなにも自分を大切に思ってくれていた
お母さんの本当の気持ちがわかった
感謝
がんばるぞ
もう、心配はかけられない
恩返し
哲也と同様に、面倒くさい、疎ましいと思っていた家族の言葉に愛情を感じた経験を振り返らせる
終末は、教師の説話を受けて、余韻をもって終わる

導入で発表する生徒たち

資料提示

ワークシートへ書き込む生徒たち

ワークシートの記述を確認する

【生徒のアンケートのまとめ】

○「渡せなかったお弁当」は、あなたの心に残りましたか、という問いに対して33人中31人が、肯定的評価をしている。(93.4パーセント)

○主な理由

・親の気持ちがよくわかったから　・先生の体験だったから

・いろいろなことが考えられたから　・心に残ったから

○感想

・自分の親も口うるさいので、いやだと思っていたけど、落ち着いて考えてみると、本当は自分のことを考えてくれているのだなと感じた。

・親になかなか「ありがとう」とは言えないけれど、感謝の気持ちは大事にもっておこうと思う。

(13) 自作資料作成について

横山利弘先生からは、次のように指導を受けた。自作資料を作り上げることは、大変な作業である。では、なぜ自作を作るのか。それは、教師の誇りである。自分にしかできない資料を使い、生徒と授業をすることは教師の誇りである。

そのためには、どこかの話を借りるのではなく、自分の人生の中に残る体験を掘り起こして自作資料を作ってほしい、と。そのことが、出発点となって、「渡せなかったお弁当」を作成した。

特に苦労した点は、文章を削ることである。自分としては思い入れが強いために文章を削りにくい。どうしても、長くなってしまう。しかし、長い資料は扱いにくい。コンパクトに凝縮された資料にするためには、周りの人からのアドバイスを冷静に聞くことが大切である。さらに、短い表現の中に人柄や心情を織り込む工夫が必要となってくる。こうした観点で、既存の資料を読み直すと実にうまくできていることに気づかされる。そういう意味では、「渡せなかったお弁当」は、発展途上の資料である。

２．うまくいかなかいときの対処法

【話し合いがうまくいかないとき】

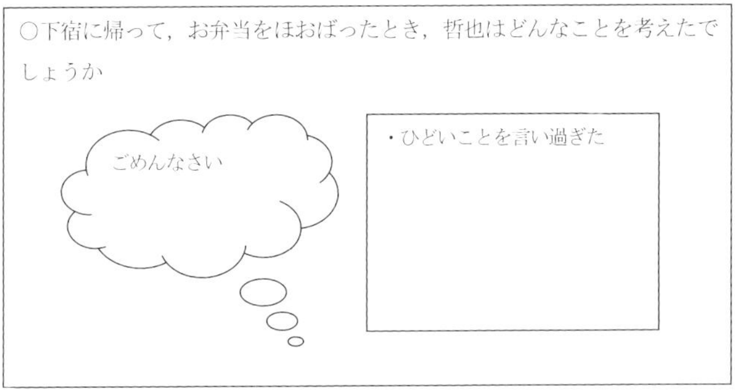
○下宿に帰って，お弁当をほおばったとき，哲也はどんなことを考えたでしょうか
ごめんなさい
・ひどいことを言い過ぎた

上のようなワークシートを利用して授業を行う。思いをまとめることが苦手な生徒は特に、「吹き出し」のみの記入でもよしとする。ただ、そばに寄り添い、「どうして、ごめんなさいとつぶやくのか、そのわけを書いてみよう」と声をかけると、その心情を書くことが多い。

大切なのは、同じ「ごめんなさい」でも「ひどいことを言って」と「お母さんの本当の気持ちに気がつかなかったから」では、価値が異なる。これを机間指導のとき、簡単にメモして書いておく。そして、価値の高い意見が後にまわるように意図的に指名して発表させる。

中学生になると、人と違うことをなかなか言いたがらないが、１時間、１時間の「道徳」の時間を積み上げることで、こうした意見の違いが大切であることを体感させ続けることが必要である。

お勧めの資料

資料名	内容項目	出典	出版社等
ぼくの名前呼んで	４－(６)	道徳６年 きみがいちばんひかるとき	光村図書
いつわりのバイオリン	３－(３)	中学生の道徳１年　自分を見つめる	あかつき
美しい母の顔	４－(６)	中学生の道徳２年　自分を考える	あかつき
ネパールのビール	３－(３)	中学生の道徳２年　自分を考える	あかつき
元さんと二通の手紙	４－(１)	中学生の道徳３年　自分を見つめる	あかつき

引用・参考文献

広島県尾道市教育委員会『平成18年度豊かな心を育てる地域推進フォーラム第２回尾道市道徳研究大会紀要』2006年度。

広島県尾道市立吉和中学校『第４回吉和中学校教育研究会紀要』2007年度。

コラム⑤

「道徳授業における常識&タブー」の思わぬ落とし穴

～道徳の時間の特質をふまえた自分らしい授業づくりに向けて～

いろいろな学校現場や研究会等で見聞きする「道徳授業の常識&タブー」。

筆者自身も小学校の教師時代、多くの先輩方から「道徳授業では○○してはならない」、「○○するのがよい道徳授業だ」など、様々な道徳授業のセオリーやコツを教わってきました。そのお陰で、少しずつ道徳の時間の特質が理解できるようになり、だんだんと子どもと一緒に楽しめる道徳授業ができるようになったと思います。

このような「道徳授業の常識&タブー」ですが、筆者自身の経験では、中学校よりも小学校現場でよく耳にするように思います。また、地域によっても多少異なっています。

次に挙げるのは、そんな「常識&タブー」の一例です。みなさんも聞いたり習ったりしたことはないでしょうか。

○　道徳授業の最初に、学習課題（めあて）を提示（板書）しない。
○　読み物資料は、途中で区切らずに最後まで読んで使う。
○　資料の登場人物の心情を考えさせる時には一人に絞り、複数の人物の心情を考えさせないようにする。
○　展開の後段では、日常生活や道徳的価値について振り返らせる。
○　授業の後段で「決意表明」をさせない。
○　授業の最後に教師がまとめをしない。　……　などこれらの事項が言われるようになったのには、当然理由があります。道徳授業には、国語科や理科等の教科とは異なる、道徳の時間ならではの特質があるからです。

例えば、「道徳授業の最初に、学習課題（めあて）を板書しない」について考えてみましょう。道徳授業においては資料名を板書することが多いのですが、きまりをテーマとした授業を行う際に、「きまりを守る大切さについて考えよう」という学習課題を板書したとします。そうすると、たとえ、主人公の深い葛藤を含んだ資料を用いたとしても、「ああ、今日は、きまりが大切、これからはちゃんときまりを守りますという内容の授業なのだ」と教師の意図を先読みする子どもが出てくるでしょう。そして、主人公の葛藤や人間の弱さに寄り添えないまま、建前的な意見しか出されない深みのない授業になってしまう危険性があります。このような理由から、学習課題の提示（板書）は好ましくないとされてきたと考えられます。では、本当に学習課題の提示は好ましくないのでしょうか。同じ学習課題でも、「きまりのもつ役割について考えてみよう」、「本当の親切とは何かについて考えてみよう」等の提示ならばどうでしょう。このような課題であれば、きまりの役割や親切の中身について、焦点化し、しっかりと考えさせ合う授業が期待できるのではないでしょうか。

次に、「読み物資料は、途中で区切らずに最後まで読んで使う」について考えてみましょう。副読本等に掲載されている資料には、通常、最後まで読んで使うことを想定して作られたものが多いのです。作者の意図を大切にし、資料のよさを丸ごと活かしながら子どもたちに考えさせるためには、途中でプツプツ切るのではなく、最後まで読んで考えさせるのが望ましいとされています。しかし、長文の資料や文章理解の苦手な子どもの多い学級の場合は、どうでしょう。そのような場合は、途中で資料を区切り、内容を確認しながら資料を提示していく方が、その後の授業展開をよりよいものにしていくかもしれません。

要は、学習課題を提示するか否か、あるいは資料を区切るか否かということが問題なのではなく、何のために学習課題の提示や資料の分割が必要なのか、その結果、どのようなメリットデメリットが考えられるのかを授業者自身が自分の頭で考え、判断することが大切なのです。それをせず、ただ「道徳授業だから○○する」、「道徳授業だから○○しない」といった形だけを取り入れていると、「常識＆タブー」の思わぬ落とし穴に嵌まってしまうかもしれません。

紙面の都合上、「常識＆タブー」の他の事例についての解説は控えますが、なぜそれらが言われてきたのか、どのような場合でもそうすべきなのか等について、是非読者の皆さん自身で考えてみていただきたいと思います。

筆者自身が指導主事や研究者となり、国内外のすばらしい道徳授業の実践に数多く触れるようになるにつれ、「本当に道徳授業の常識やタブーが存在するのか」、「それらに縛られすぎることは授業を硬直化させ、形式的なステレオタイプの授業づくりに繋がってしまうのではないか」と思う気持ちが強くなりました。児童生徒が深く考え感動する優れた授業には、実にいろいろなタイプがあります。それらは、上述の「常識＆タブー」の枠に嵌まらない、その人らしさが滲み出たものなのです。本書にも、様々なタイプの授業実践が収められていますが、いずれも授業者の個性に溢れたものばかりです。

子どもの心を開く自分らしい道徳授業をつくるために、読者の皆さんには、まず、身近で言われている「常識＆タブー」について知るとともに、なぜそのようなことが言われるようになったのか考えてみていただきたいと思います。その上で、本書を参考に、いろいろなタイプの道徳授業の手法を身に付けてほしいと思います。学校や子どもたちの実態は様々です。教師自身の授業の引き出しを増やすことは、いろいろな子どもたちに対応できる柔軟性や力量アップに繋がることでしょう。

そしてそれとともに、是非、納得のいく自分らしい授業づくりにチャレンジしてほしいと思います。道徳の授業づくりにおいて何よりも大切なことは、道徳の特質をしっかりとふまえること、そして、目の前の子どもたちの実態や思いを大切にしながら、納得のいくまで自分自身の頭でしっかりと考えることなのではないでしょうか。

（森川　敦子）

第３節　心情ジレンマタイプの道徳授業の展開１

１．学習指導案と授業展開

（1）　対象学年　中学３年

（2）　資料名　尊厳死　（荒木紀幸編著『モラルジレンマ資料と授業展開』（明治図書）を参考にして一部修正）

（3）　内容項目　生命の尊さ　３－（１）生命尊重

関連項目　４－（６）家族愛、２－（２）人間愛、２－（３）生きる喜び

（4）　主題観

戦争・事故・自殺・殺人事件など人の生死に関わる内容が毎日のように報道されている。絶え間なく流れる情報の中で「命」についての感性も鈍くなっていく危惧がある。こうした時勢の中で、「人間の生と死」について正しい認識をもち、人間尊重の精神を育てることはたいへん大切であると考える。

この資料は、不治の病にかかった女性の延命だけを目的とする治療に対して、両親が尊厳死を願い、とうとう裁判に持ち込んだアメリカの実話をもとにした話である。この話を通して「人間の生」とは何か、「人間の死」とは何かを考えさせる中で「命」についての考えを深めていきたい。

（5）　生徒観

この学年の生徒は、自分たちで活動しながら学習を進めていくことが好きで、道徳の授業でもグループでの表現活動を楽しんですることができる。しかし、お互いに意見を出し合いながら、有機的なつながりをつくる中での「思考の深まり」という面ではまだ課題が残る。この「思考の深まり」を授業の中でどう創造していくかが道徳授業においても重要になると考えている。

また、今回の主題である「命の尊さ」については、スピーチの話題の中に、ニュースで報道される事件、事故についてのものが多く出るなど、関

心は高いと感じている。また、昨年度、身近なところで「命」について考えることがあり、個人差は大きいものの「生きること」「死ぬこと」について考えを深めてきている。今回の授業の中でも、また違った側面から「命の尊さ」について一緒に考えていきたい。

（6） 指導観

本時の学習では、導入としてドラマを使っての表現活動により、課題に対する生徒の道徳性を把握したい。ドラマについては、後半の討議の時間を確保するためにできるだけ時間を短縮していきたい。そして、ドラマの実演に基づき、道徳的価値を意識し、葛藤討議につなげたい。葛藤討議の場面ではそう判断した理由を大切にしながら意見を交流していきたい。また、家族の立場、医師の立場から考える中で、彼女にとって何が一番幸せなのかを考えさせていきたい。そして、終末では、判決結果や他の事例、尊厳死に対する様々な考えを紹介する中で、さらに考えを深めさせていきたい。最後に、今回の授業での道徳性の高まりについて授業後の感想をもとに評価していきたい。

（7） 本時のねらい

尊厳死を認めるかどうかの葛藤を通して、生命に対する考えを深め、生命を尊重する心情を育てる。

（8） 学習過程

段階	学習活動	主な発問と生徒の心の動き	支援（◎）と評価（★）
導入	**1．心の耕しと課題設定**	○資料の続きはどうなるだろうか。自分だったらどうするかをもとにドラマ化してみよう。 （1） 資料の続きを自分の立場で予想し、記入する。【思考】 （2） （1）をもとに、資料の続きを班で考え、ドラマとして演じる。【表現】 ・登場人物〔カレンの両親、医者〕 ・５分間でやりきる。（即興的に） ・課題について仮の解決案を表現する。	道徳資料① ◎状況を具体的にイメージさせる。 ◎表現しやすい雰囲気づくりをする。 ◎課題に対する生徒の道徳性を把握する。

展開	２．道徳的価値の類型化（分類）	○ドラマでの発表はどのように分けられるだろうか。 ○自分の考えはどれに入るだろうか。 ○どういう理由でそう判断したのだろうか。 （１）　ドラマの実演から道徳的価値について意識する。 ①　尊厳死を認める ②　尊厳死を認めない （道徳的価値の分類） （２）　自分の価値観（立場）を明確にする。 （３）　そう判断した理由を交流する。【思考・表現】	◎わかりやすく分類する。 ◎全員の立場を明確にさせる。
	３．道徳的葛藤討議	○裁判長はどうすべきだろうか。 （４）　裁判長はどう判断すべきかを考え､その理由を出し合う。【思考・表現】 **・論点「尊厳死を認めるべきか、認めないべきか」** ＜認める＞ 人間らしく死なせてやりたい 家族がそれを望んでいる 回復することは無理だろう 本人の意思表示は不可能 ＜認めない＞ 生きる権利がある 命を奪う権利はない 回復の可能性もある 本人が望んでいないかも ・２．の類型化に基づき全体で討議する。 ○彼女にとってどうすることが幸せなのだろうか。 （５）　彼女にとって何が幸せなのかを考える。	◎論点を明確にする。 ◎理由付けを大切にする。 ◎両親の立場、医師の立場に共感させながら、どうすべきかを考えさせる。
終末	４．価値の一般化	○判決はどうなったのだろうか。 （１）　これまでの自分の価値観に照らし合わせて考える。	資料② 資料③ 資料④ ◎心情をゆさぶる。

終末	5．評価	○学習を終えての感想を書こう。 （2） 授業を終えての感想を記入する。	★道徳性の高まりは見られたか。（感想文）

（9） 資料

道徳資料① 『モラルジレンマ資料と授業展開〈中学校編〉』（1990年 荒木紀幸編著 明治図書）、「尊厳死裁判」に関する教材を一部修正。

道徳資料② 朝日新聞記事1985年6月12日付け（「尊厳死裁判」に関わったカレンさんの死亡についての記事）

道徳資料③ 朝日新聞記事1989年4月15日付け（尊厳死が認められた女性の意識が回復したことについての記事）

道徳資料④ 「尊厳死」をめぐる様々な意見

○ 私は、もし自分が回復の見込みの可能性がない病気にかかっており、もうすぐ死を迎えるとわかっていたなら、延命治療を行わないで尊厳死という形を選びたい。回復の見込みがないとわかっていても、延命治療によって生き続けることは可能である。しかし、そこに私の意思が存在しなければ生きているとはいえない。また、意思があったとしても、私にとって延命治療によって「生かされることは」苦痛以外の何物でもない。そこまでして生きたいと思わないので、治療も何も行わないで自然な形で死を迎えたいというのが私の意見である。人口呼吸器や点滴など、さまざまなチューブ類をつけられたままで生かされても、自分で何もできないなら、それは私にとって「生きている」とはいえない。

○ 回復の見込みがないというのは、永遠にその状態が続くということであり、これまでという区切りがつかない苦痛がある。人は区切りがあれば、そこまで頑張ろうという気持ちができて、生きていこうという気持ちになると思う。それがなければ、苦痛のことばかり考えて、そこから逃れるためには死を選ぶしかないと思ってしまう。

○ 私は正直言ってわからない。回復の見込みがない病気にかかったならば、最初はその事実を否定し、受け入れを拒むと思う。そして、きっと死を願うだろう。しかし、時が流れ時間がかかってもその事実を受け入れるときがくるかもしれない。もとのように生きることができなくても、生きていたいと思う瞬間がおとずれるかもしれない。それは誰にもわからない。自分でさえも。その可能性を尊厳死は、切り捨ててしまう危険性を秘めていると思う。“尊厳死”という名で。

○　病気の程度によるが、生きていたい気持ちと死にたい気持ちとが半分ずつある。生きたいという気持ちは、その病気を受容して初めて生まれる感情だと考える。受容するまでの過程を考えると、死にたいという思いが先行するかもするかもしれないが、最終的には病気とともに生きていたいと思う。生きていれば必ず何かすることができる。しかし、死んでしまえば何もすることはできない。

（10）　授業の実際

生徒からは思った以上の意見が出た。よく考えていた。教師側は延命をする方がよいと考えていたが、生徒の意見の中に「尊厳死」を認める意見が多かったのは意外だった。教材の中に両方の面が含まれていることで、生徒たちがよく考える授業になったのだと思う。生徒たちは、導入でミニドラマを即興で演じ、裁判長、カレンさん、医者、両親それぞれの立場を考えた。生徒の意見には、裁判長、医者、両親の立場からの考えを述べるもの、当事者であるカレンさんの立場にたったものが見られた。当事者であるカレンさんは、自分の意思で決定することができない。自分の意思でなく決定されることについて、もし自分がカレンさんだったらと、生徒たちは共感的にとらえていたように思う。

この授業の中で延命の難しさと尊さを知ることを通して、生徒たちは生命の重みや、よりよく生きるとはどういうことかについて深く考えることができたように思う。

（11）　中学生の道徳授業づくりの留意点

①　指導案づくりの工夫

資料選定は、道徳の読み物資料として常備した資料集を中心にするが、内容やねらいによっては他の資料集・自作資料・新聞記事などの読み物資料から、テレビ報道番組・ドラマ番組・ドキュメンタリー番組などの映像資料まで、幅を広くして心を揺さぶられるリアリティのあるものを選ぶことが大切である。また、生徒の現状に則したねらいを設定し、ねらいに迫る中心発問を導き出すための演習用紙（教師用）を用意し、研修するとともに実践に活かすとよい。

【資料　演習用紙（教師用）の使用例】

主題名：公徳心
内容項目：4－(3)
関連項目：4－(5)　4－(6)
資料名：「朝の歩道で」
出典：中学生の道徳1（あかつき）

ねらい：社会の一員としての自覚を持たせ，皆のよりよい生活のために，ささいな事から実行しようとする意欲を高める。

＊　**学習の流れと発問**（授業づくりは①から順に考える）

④　**導入（内容への興味付け、雰囲気作り、ほぐし）**

○　放課後の教室に一人で行くと、ゴミが散乱していました。自分ならどうしますか。

○　今日は、こんな日常の１コマを題材に考えたいと思います。

②　**展開の前段（ねらいに導く基本発問）**

○　主人公親子は、この後どうしたでしょう。また、そのときの気持ちはどうだったでしょう。

①　**中心発問（ねらいにせまる発問）**

○　自分が同じ状況だったら、どんな行動をしますか。

◎　「自分だったら」の理由は何でしょう。　※特に「拾えない」意見の理由を引き出す。

③　**展開の後段（自分を見つめさせる）**
○　外国人夫妻の行動から、何を感じましたか。
○　主人公親子は、何故手伝ったのでしょうか。

⑤　**終末（これからのイメージを持たせる）**
○　社会の中の同じような実例を紹介する。
○　今日、学習したことの感想を書きましょう。

②　授業内での工夫

板書は「道徳のノート」という認識で、読みやすく簡略化・分類し、生徒の思考の手助けになるようにする。授業では原則的に全員発言とし、意見にはネームプレートをつけて、自分の立場を明らかにさせるとよい。板書の際、ネームプレートを用いて生徒の意見の位置づけを示し、生徒一人ひとりの心情・行動のスタンスを表現できるようにし、その理由を大切にする。自分の体験を活かした役割演技で葛藤させ、自分の考えを率直に表現する動作化で多様な価値を認識させる工夫をする。体験をもとにして、さらに考えさせられる適切な説話の工夫をする。

③　役割演技・動作化の効果的な活用

１）基本的な考え方を明確にする

動作化と役割演技は、ドラマ化という形で一まとめに考えがちだが、目的をはっきり持って使い分けをする必要がある。

【動作化（ドラマ化）】
自分の考えを動作にして表現させることで、多様な考えや行動を見ることができる。指導者側からすれば、生徒の考えや実態を把握するためと雰囲気づくりなど、導入的に使いやすい。状況設定を的確にし、生徒には即興で時間をかけないように、「今の自分なら」という一点のみで表現させる。

【役割演技】
役割を演じてみて、どんな気持ちになったか、その時の気持ちや葛藤を出させる。それぞれの立場（役）によって感じることも違ってくるので、役割の交代が必要である。自分とは違う立場を演じることによって、他者の気持ちに共感することができる。導入または前段での自分の考え（動作化）と後段での考えとの違い（ギャップ）を自覚させるために役割演技が有効と考える。

【役割取得】
いろいろな人の立場に自分自身を置き、立場の違う人の役割を演技することによって、他者理解が出来るようになる。

2）授業に活かすポイント

本授業では、導入で動作化を効果的に取り入れている。設定された課題に対して自分ならどうするかという立場でその後を予想しドラマ化している。このことにより、その時点の生徒の課題に対する考え方を把握することができる。また、ここで表現した内容と展開の中で考える「こうするべき」価値とのギャップを意識させることで、ひとつ上の価値について考えさせることができると考えている。そういう意味では、「こうするべき」価値を役割演技で行うことも有効だと考えられる。

④　ネームプレート等教具を利用した工夫

1）基本的な考え方

「コミュニケーション力の育成」を考えるうえで、ネームプレート等の教具を使用した道徳の授業は、自己の立場の確認と他者理解の面で生徒にとっては、思考の手助けとなるという考えで使用している。

2）実践のポイント

２つの価値がある場合に、主には意見の分布を確かめるためにネームプレートを使用しているが、少ない意見の中にこそねらいに迫る貴重な考えが隠れていることが多く、ネームプレートを使って意図的に指名するようにするとよい。貴重な葛藤の要素として、授業の展開上大きなウエイトを持っている。時には、迷いながら中間を選ぶ生徒の意見や理由が重要なポイントになってくることがある。

ネームプレートの移動によって意見が変容した生徒、変容しなかった生徒の確認がしやすく、「変わった」理由、「変わらない」理由を出させることが他者理解及び道徳的価値の深化につながると考える。「行動」と「心情」など２次的に使う場合には、ネームプレートを置いた位置によって、プラス・マイナスのイメージとして印象づけられないよう配慮する必要がある。板書した意見にネームプレートを付けることにより、自分の意見が大切にされているという意識を持たせるとともに、他者と自分の違いを確認することができる。

主要参考文献

『モラルジレンマ資料と授業展開〈中学校編〉』（荒木紀幸編著　明治図書　1990年）。
朝日新聞記事（1985年６月12日付け）。
朝日新聞記事（1989年４月16日付け）。

第４節　心情ジレンマタイプの道徳授業の展開２

１．学習指導案と授業展開

（１）　対象学年　中学２年

（２）　資料名　杉原千畝の苦悩と決断　（宮里智恵作）

（３）　内容項目　人間愛に根ざした正義の実現　４－（３）　正義

（４）　主題観

社会生活を生きる上で、誰に対しても公正、公平に接することが大切である。特に国際化が大きく進展した今日では、外国人との信頼関係を築く上でも公正、公平な生き方は重要となる。公正、公平な生き方には相手に対する深い愛が必要である。自分の感情や都合に屈することなく勇気を持って判断する人間愛に根ざした正義観が求められるのである。次代を担う世代には、人間愛に根ざした正義や公正、公平の精神を身に付け、幅広い視野に立って物事を見、判断する力を育てることが必要と考える。

（5） 生徒観

中学生の時期は様々な経験を通して視野が拡大してくる。しかし一方、正義や公正、公平の判断は身近な場面においても揺らぎがちで、人間愛に根ざした正義観にはまだ至らない時期でもある。この時期の生徒にとって、地位や名誉を捨て、他国の人のために崇高な正義を貫いた先人の姿は大きなインパクトを持つ。特に、決断にあたって先人が経験したであろういくつもの葛藤について考えることは、悩み多き時期に差しかかった中学生にとって非常に重要な経験となると考える。

（6） 指導観

本資料は、第２次世界大戦中、将来を嘱望された外交官としてリトアニアにいた杉原千畝（ちうね）が、ナチスによって国を追われるユダヤ人を救うために、ビザの発給を決断した実話に基づいている。外交官として本国からの命令に従えばユダヤ人たちを救えないことになる一方、ユダヤ人たちを救おうとビザを発給すれば、外交官としての地位を失い家族の生命さえも危ういことになる。両者の間で葛藤した杉原に役割取得させることで、人間としてどちらの生き方を選ぶのかを考えさせる。

指導にあたっては時代的な背景や外交官という仕事を含め、杉原のおかれた状況をまずしっかりと理解させる。そして、自分が杉原だったらビザを出すか、出さないか、二者択一をワークシートを用いて生徒に判断させ、その理由を交流させる。これにより、杉原の判断の難しさに共感させるとともに、人間としての生き方を迫られる厳しい状況であったことを理解させる。展開後段では、杉原の決断を伝え6000人分以上ものビザを発給した行動と、戦後外務省を退職することになった処遇を紹介する。これにより、人間愛に根ざした正義や公正、公平の精神を貫いた杉原の生き方に共感させ、国際的視野に立った正義のあり方についての考えを深めさせる。

（7） 本時のねらい

戦乱の中、自らの良心に従って多くの人命を救った外交官杉原千畝の決断を知ることを通して、人間愛に根ざした正義や公正、公平の精神を大切にした杉原の生き方に共感させ、国際的視野に立った正義のあり方について考えを深めさせる。

(8)　授業評価のための基準

（○は気付かせたい考え、◎はできれば気付かせたい考え）

【生徒の今の考え】

・正義の行動とは具体的にどのような行動だろう。
・公正、公平な行動とは、誰に対しても態度を変えないということだろう。
・自分には公正、公平な行動はできるだろうか。あまり自信がないな。

⇨

【気付かせたい考え】

○正義を貫く行動はとても大変だが、すばらしいことだ。
○公正、公平な態度によって人を救うことができるのだ。
◎自分も公正、公平な生き方を身に付けて生きていきたい。
◎みんなが公正、公平な態度で生きることで、世界の人々は幸福になるんだ。

(9)　学習過程

段階	学習活動	主な発問と生徒の心の動き	支援（◎）と評価（★）
導入	１．杉原千畝の写真を見て知っていることを交流する。	○この人を知っていますか。 ・杉原千畝という人で、外国の人を助けた人だ。 ・知らない人だ。	◎本時の学習への構えを持たせる。
展開前段	２．杉原の生い立ちや経歴をつかむ。	○杉原千畝の生い立ちや経歴を話します。 ・小さい頃からおとなしくて優しく決めたことは最後までやり遂げる。 ・外務省の外交官として、ハルビン、フィンランド、リトアニアなどで活躍した。→外交官として国際舞台で活躍した優秀で立派な人だ。	◎杉原の生い立ちや経歴について整理する。（板書①） ◎優秀な外交官として期待され、誇りを持って活躍していたことを押さえる。 ★杉原の生い立ちや経歴を理解したか。（発言内容・生徒の様子）

	3．ユダヤ人にビザの発給を懇願された杉原の苦悩を考え、ワークシートに自分の考えを書く。 （吹き出し）反対意見を出しやすい雰囲気を作り、岐路に立たされた杉原の苦悩を理解できるようにする。	○ユダヤ人にビザの発給を頼まれた杉原はどうしたでしょう。自分が杉原だったらどうするか、理由と共にワークシートに書きましょう。 ア）ビザを出す。 ・多くの人命がかかっている。 ・あの人たちに罪はない。 ・自分の出世よりも大切だ。 イ）ビザを出さない。 ・外務省の人間として命令に背くことはできない。 ・外務省を辞めさせられたら外交官としての夢を絶たれる。家族の生活も守れない。 （吹き出し）杉原が書いたビザのコピーを提示し、正義を貫いた決断の重みと人間愛の凄さを感じさせる。（板書④）	◎当時のヨーロッパの地図を示したりビザなどの用語の説明を加えたりして理解を助ける。（板書②） ◎両方の考えを交流させ人としての生き方を迫られる厳しい状況であったことを押さえる。（板書③） ★苦悩する杉原に共感しているか。（発言内容・生徒の様子）
展開後段	4．杉原の決断の理由についてワークシートに自分の考えを書き、交流する。	○杉原は自分の判断でビザを発給することにしました。なぜそうしたのでしょう。考えを書きましょう。 ・出世より大切なものを守ろうとした。 ・罪のない人を見捨てて自分だけ助かるわけにはいかないと思った。	◎杉原の決断を伝え、6000人分以上のビザ発給の行動と戦後外務省を退職した処遇を紹介し、杉原の決断について考えを交流させる。
終末	5．人としてどんなことが大切なのか、学習を通して考えたことを書く。	○杉原千畝の生き方にどんなことを学びましたか。人としてどんなことが大切なのか、考えたことを書きましょう。	◎書くことで考えを深めさせる。 ★杉原の決断が自己の利害を超越した深い人間愛に根ざした正義であることを理解した上で、自分の考えを持つことができているか。（ワークシートの内容）

（10）資料

杉原千畝の苦悩と決断（宮里智恵作）

【前半】

杉原千畝は1900年に岐阜県に生まれた。小さいころからおとなしく、やさしい子どもだった。しかし、一度自分で決めたことは必ずやり遂げるという精神的な強さを持っていた。19歳の時、英語が得意だった杉原は外務省の留学試験に合格し、中国のハルビン学院に留学してロシア語を学んだ。ロシア語を覚えると、そのままハルビン学院の先生になり、ロシア語を教えた。その後、杉原は外務省に採用され、ハルビンの日本大使館に勤めることになった。

35歳で幸子（ゆきこ）さんと結婚し、37歳でフィンランドの日本大使館に一等通訳官として赴任した。38歳でリトアニア共和国の首都カウナスにある日本領事館の領事に任命された。次の年、ドイツ軍がポーランドへ攻め込んだことで第二次世界大戦が始まった。ドイツ軍は瞬く間にポーランドの首都ワルシャワを攻め落とした。対抗したソ連軍はリトアニアを占領後、ポーランドに入ってドイツ軍と向かい合った。このようにして、杉原のいるリトアニアは、戦争に巻き込まれていった。

1940年７月のある朝、杉原の住むリトアニアの日本領事館を、何百人というユダヤ人が取り巻いていた。ポーランドに住んでいたユダヤ人たちだ。この人たちは、ドイツがポーランドを攻めたので、このままでは殺されるとリトアニアへ逃げ、さらに遠い国へ逃げるためにまず日本に入ろうとして杉原のところへビザの発給を求めてきたのだ。

何百人もの人が窓の外で「どうか日本の通過ビザを出してください」と訴えている。杉原は「外務省に連絡してビザを出す許可をもらおう」と考えた。しかし同時に、「それは難しいかもしれない」とも考えた。なぜなら、当時の日本は日独伊三国同盟（注１）を結ぼうとしていた矢先で、ドイツの方針（注２）に逆らうことはしたくないはずだと考えたからだ。

それでも杉原は外務省にビザを出すことを許可してくれるよう連絡した。返事が来るのに数日かかったが、この間にもユダヤ人はどんどん増え、およそ1000人の人が野宿して待っていた。数日後外務省から返事が来たが結果はやはり「否」だった。杉原は再び外務省に願い出をしたが結果はまたしても「否」。結局杉原は外務省に３回願い出をし、全て断られた。

３回目の「否」が分かった晩、杉原は一晩中考えた。「自分は外務省の者だ。命令には従う義務がある。もし背いたら、出世できなくなったり外務省をやめさせられたりするかもしれない。外交官として日本の国に役立ちたいと思ってきた夢が終わってしまう。それにビザを出せば自分も家族もドイツから命を狙われるかもしれない。仮に家族の命は守れたとしても外務省をやめさせられたら仕事を失い、家族の生活を守れなくなってしまう。そんなことはできない。しかし、窓の外にはあれだけたくさんの人たちが命がけで私の決断を待っている。あの人たちは罪もない人たちだ。あの人たちを見放すというのか。それもできない。」

このように杉原は迷い、苦しみ、ほとんど眠れないまま、朝を迎えた。

【後半】

杉原は、とうとう決断した。「国の方針がどうであろうと、私は人間としてこの人たちを見放すことはできない」と。妻の幸子にこのことを話すと、幸子は「もちろんです。そうしてください」と答えてくれた。気持ちが固まってからの杉原はもう迷うことはなかった。杉原は続々と増えるユダヤ人のために朝から晩までビザを書き続けた。１人ひとりに会って名前や住所、年齢、国籍、どこへ行くのか、などを全て手書きで書いていく。最後に日付と自分のサインをしてやっと１人分。どんなに頑張っても１時間に10人しか書けなかった。一日15時間書き続けても、150人分。杉原は何週間にもわたって寝る間も惜しみ、ご飯もろくに食べないで書き続けた。腕が上がらなくなり、睡眠不足で頭は働かなくなり、眼は充血して真っ赤だった。

その頃、日本の外務省から「カウナスの領事館を閉鎖してドイツの大使館に移れ」と指令が来た。戦争が激しくなってこのままでは命が危ないのだ。それでも杉原はビザの手続きを続けた。外務省からは何度も何度も電報が来た。もうすぐ国境が閉鎖されドイツに行くこともできなくなる。そうなると、この地で戦争に巻き込まれてしまうのだ。

杉原はとうとう最後の１人のビザを書いた。「すみません、これ以上は無理です。皆さんのご無事を祈っています」。そう言って渡したビザは、ドイツ　ベルリン行きの列車の窓からだった。この時までに書いたビザは2139家族分、なんと6000人分以上もあった。ユダヤの人々は杉原に感謝し、涙を流してお礼を言った。

戦争が終わって日本へ帰った杉原は外務省を退職することになった。英語やロシア語ができたので家族を養うだけの仕事はあったが、外交官としての夢は絶たれた。けれども、杉原は後悔していなかった。ユダヤの人たちを救った決断は人として当然のことだと自分の行動に誇りを持っていたからだ。

杉原はユダヤの人たちを救ったことを自分から人に話すことはなかったが、晩年になり、その功績を讃える賞をユダヤ人が建てたイスラエル国から受けた。

注１．日本、ドイツ、イタリアで手を結んで戦争を戦う約束

注２．この場合はユダヤ人を迫害すること

(11)　板書計画

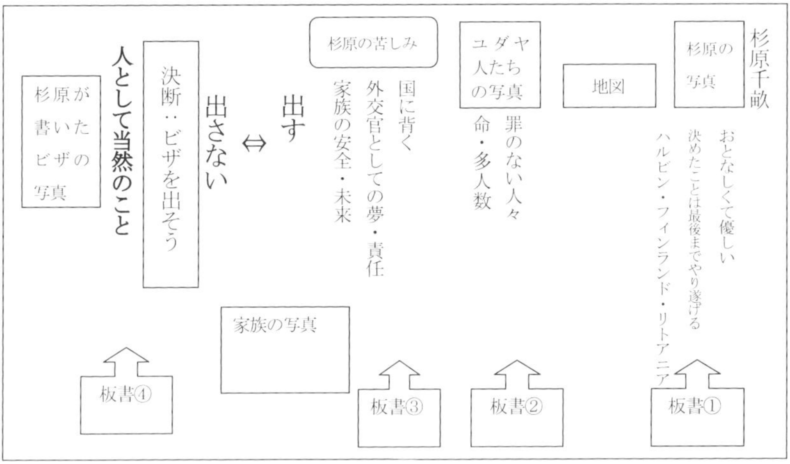

(12)　授業の実際

前半の資料提示(杉原の置かれた状況)

終盤の資料提示（杉原のその後）

【終末に書いた生徒の感想】

・自分の将来や自分のことよりも、目の前の困っている人を助ける方が人間としてすべき事だと思う。人を区別しない事が大事だと思います。
・生きていく上で“共存する”ということを第一に考えるべきだと思う。自分の気持ちだけで動くんではなく、もっと多くの人たちの気持ちを考えてから物事を決めるべきだと思った。
・自分優先の考えではなく、人のために尽くすことが大切。自分を犠牲にしてでも、困っている人を助ける事は、難しいけど人にとって大事なことだと思った。

2．うまくいかないときの対処法

【意見がどちらかに偏る場合】

ビザを発給するかしないかを選択させる際、意見がどちらかに偏る場合がある。意見が極端に偏るのは杉原が何に葛藤したのかを押さえきれていなかったことが考えられる。杉原を取り巻くいくつもの対立軸を板書で整理し、生徒自身を杉原に役割取得して葛藤させる。また授業者は多様な考え方があってよいことを示すようにする。

【臨場感を一層出したい場合】

葛藤場面の臨場感を一層高め、杉原の心情を理解する1つの方法としてDVDの活用がある。杉原とそれを取り巻く人々、たくさんのユダヤ人などを俳優が演じており、領事館の様子なども映像となっていて分かりやすい。市販のDVDを活用することにより資料提示の時間も短縮できる。

3．発展的な取り扱い

他の内容項目による取り扱い

ねらいとする道徳的価値を「国際的視野に立つ人類愛」4－(10)にした場合の展開について後段以降を記す。

【本時のねらい】

戦乱の中、外交官としての立場を捨て国際的視野に立つ人類愛にもとづいてユダヤ人を救った杉原千畝の決断を通して、世界平和と人類の幸福のための行動について考えを深める。

【学習過程】

展開後段	4．杉原の決断の理由についてワークシートに自分の考えを書き、交流する。	○杉原は自分の判断でユダヤ人にビザを発給することにしました。再び会うこともない外国人を、自分の夢や将来を犠牲にしてまでなぜ守ろうとしたのでしょう。ワークシートに考えを書きましょう。	◎杉原の決断を伝え、6000人分以上ものビザ発給の行動と戦後外務省を退職した処遇を紹介し、杉原の決断について考えを交流させる。

展開後段		・人間の重みは日本人か外国人かで変わるものではないと考えた。 ・世界の平和のためには、勇気ある決断が必要と考えた。	◎杉原が書いたビザのコピーを提示し、決断の重みと人間愛の凄さを感じさせる。（板書④） ◎学んだことをまとめさせる。
終末	５．人としてどんなことが大切なのか、学習を通して考えたことを書く	○杉原千畝の生き方にどんなことを学びましたか。人としてどんなことが大切なのか、考えたことを書きましょう。	★杉原の決断は自分の夢や将来よりも、世界の平和を創り出そうとする気持ちからきていることを理解した上で自分の考えを持つことができているか。（ワークシートの内容）

お勧めの資料

資料名	内容項目	出典	出版社等
もっと生きたい	４－(10) 国際理解	明日をひらく３ 広島県版	東京書籍
あふれる愛	２－(２) 思いやり・親切	明日をひらく３ 広島県版	東京書籍
ダショー・ニシオカ	４－(10) 国際理解	明日を生きる３	日本文教出版
たった一人の救援交渉	４－(10) 国際理解	かえがえのないきみだから 中学生の道徳２年	学研
ぼくは出ない　エースの決断	１－(３) 誠実・責任	心つないで　中学道徳３	教育出版
独りではない―南極点への道のり、五十七日間千二百キロメートル―	２－(６) 感謝・報恩	きみが一番ひかるとき　２	光村図書
良心とのたたかい	３－(３) 人間理解と生きる喜び	明日をひらく　中学道徳２	東京書籍

参考資料

道徳資料「6000人の命を救った杉原千畝の決断」（松田芳明作）広島市教育委員会『規範性をはぐくむための教材・活動プログラム』2010年３月。
「決断　命のビザ」杉原幸子監修渡辺勝正編著、大正出版、1996年。
『杉原千畝』「国際交流につくした日本人　ヨーロッパⅡ」長沢和俊・寺田登監修、くもん出版、1991年。
『6000人の命のビザ』「明日をひらく」中学道徳２、東京書籍。
『日本のシンドラー杉原千畝物語　六千人の命のビザ』よみうりテレビ（DVD）2005年。

第５節　プログラムタイプの道徳授業の展開

１．道徳学習プログラム名【吉中太鼓　――心と太鼓が響き合う学校――】

尾道市立吉和中学校で実践した「吉中（よしちゅう）太鼓」をコアにした道徳学習プログラムを説明する。吉和中学校には、20年以上の歴史を持つ「吉中太鼓」という学校独自の伝統文化がある。これは、その当時「荒れ」や「不登校」等の様々な問題から、どうにかして学校を再生したいという１人の体育教師の手によって創設され、現在に至っている。

この資料は、2007年、やはり校内で頻発する問題行動を前に頭を抱えていた頃、当時道徳の講師としてお招きしていた鈴木由美子先生からの１つの助言から誕生することになる。

「吉和中学校のウリは何ですか？」

「何をしている生徒たちが輝いて見えていますか？」

生徒指導の対応に追われる私たち教職員が見失いかけていることへの提言であったように思う。

「吉中太鼓」私たち全員の心に浮かんだ答えは一致した。

先生は、吉中太鼓をコアにして全ての教育活動を組みかえてみることを提案された。そして、その中で生徒の心に響く「吉中太鼓」の授業を創作していく取り組みが始まったのである。

道徳学習 プログラム図

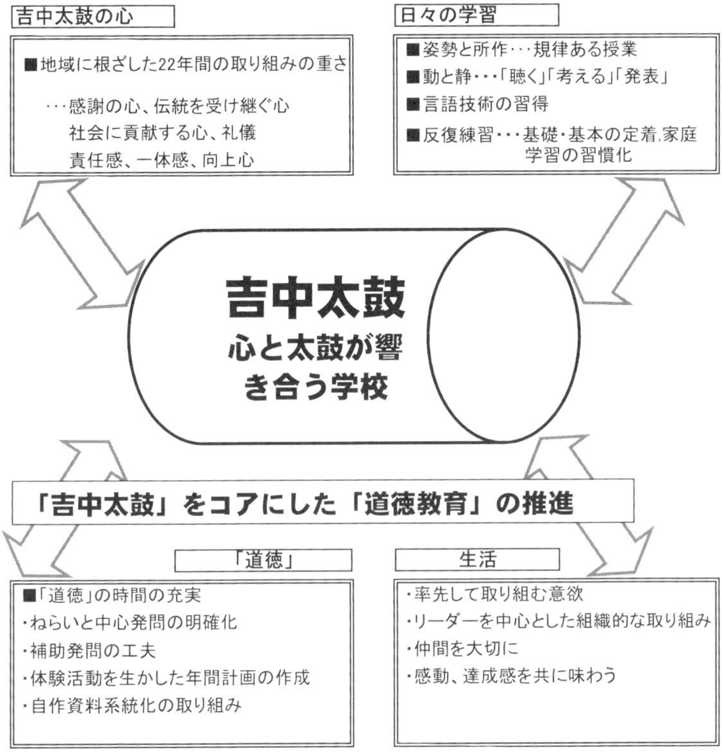

吉中太鼓の心
■地域に根ざした22年間の取り組みの重さ
…感謝の心、伝統を受け継ぐ心
社会に貢献する心、礼儀
責任感、一体感、向上心
日々の学習
■姿勢と所作…規律ある授業
■動と静…「聴く」「考える」「発表」
■言語技術の習得
■反復練習…基礎・基本の定着,家庭学習の習慣化
吉中太鼓
心と太鼓が響き合う学校
「吉中太鼓」をコアにした「道徳教育」の推進
「道徳」
■「道徳」の時間の充実
・ねらいと中心発問の明確化
・補助発問の工夫
・体験活動を生かした年間計画の作成
・自作資料系統化の取り組み
生活
・率先して取り組む意欲
・リーダーを中心とした組織的な取り組み
・仲間を大切に
・感動、達成感を共に味わう

注:「平成21年度第6回吉和中学校授業公開　心と太鼓が響きあう学校づくり～吉中太鼓をコアにした道徳教育の推進～」を参考にして編者が一部修正して作成した。

２．道徳学習プログラムを活かした道徳授業の展開

（１）　対象学年　中学２年

（２）　資料名　吉中太鼓誕生物語（木下宏二作）

（３）　内容項目　高め合う真の友情　２－（３）　友情

関連項目　４－（４）集団生活の意義

（４）　主題観

真の友情とは、相手を思いやる心情の上に成り立つ深い信頼関係であ

る。相手のことを真剣に考えるが故に、時には厳しい忠告となってぶつかりあうこともある。最近の中学の間で「トモダチ」と言いあう関係は、相手にただ同調したり、ともに苦しいことから逃れる仲間関係になりがちである。いろいろな活動やかかわりあいを通して、相手の内面に目を向け、互いに励まし合い、高め合える真の友情について深く考えさせていきたい。

(5) 生徒観

本学級の生徒はすべて同じ小学校から進学してきている。小学校時代から、特に女子の仲間関係におけるトラブルが絶えず、苦しい思いをした生徒が多い。中学校入学後も、小グループ間の対立やグループ内での仲間はずしなどが続き、いろいろな取り組みをおこなってきた。

吉中太鼓に対する意識は、「太鼓の授業が好きである」100%、「吉中太鼓は吉和の誇りだと思う」97%、「早く３年生のように太鼓の発表をしたい」93%ときわめて高い。しかし、「吉中太鼓のどこがすばらしいか」という問いには、「かっこいい」「音がそろっている」「迫力がある」など見る側からの表面的な部分をあげる生徒が多い。また、「自分たちの太鼓で足りないところはどんなところか」という問いには80%の生徒が声が出ていないことをあげ、これからの目標として「声をしっかり出す」と答えた。20年の歴史を持つ吉中太鼓の持つ「一体感」「つながり」「団結力」といった内面的な真の友情につながる部分に授業の中で迫っていきたい。

(6) 指導観

吉和中学校全体で取り組んでいる「吉中太鼓」は20年以上の歴史を持つ吉和中学校の誇れる文化である。単に太鼓演奏をするのが目的ではなく、これまでの先輩たちの太鼓にかける思いに触れることや、毎週の授業の中での練習の積み上げを通して、人間を育てるという大きなねらいの中で本校の教育活動の軸として位置づけられている。

この資料は、吉中太鼓の創設者である宮本昭二教論からの聞き取りをもとに、実際にあったできごとを資料に仕上げていった。「何か」を求め、「何か」につまずき、しかしその「何か」が見つからずにもがく生徒たち。

そんな生徒たちが徹底的に打ち込めて自信を持てるものは何か……。試行錯誤の末に、この吉中太鼓は誕生した。今年で21期生となる伝統ある吉中太鼓は、毎年様々なドラマを生み出す。本時の学習を通して、さらに意欲的に太鼓に取り組むことはもちろん、自分たちの持つ「友情観」「仲間観」を見つめ直し、深く考えさせていきたい。

(7)　本時のねらい

吉中太鼓１期生の流した涙の意味を考えることを通して、自分たちの中でより深い友情を築いていこうとする心情を育てる。

(8)　授業評価のための基準

（○は気付かせたい考え、◎はできれば気付かせたい考え）

【生徒の今の考え】	→	【気付かせたい考え】
○吉中太鼓を上手に打ちたい。 ○もっと大きな声を出したい。 ○先輩に負けないように頑張りたい。	→	○吉中太鼓はみんなで心をひとつにするものだ。 ○自分も周りの友だちも一緒にがんばることが大切だ。 ◎辛いときにこそ励まし合える友でいたい。 ◎吉中太鼓もその他のことも協力することは大切だ。

(9)　学習過程

段階	学習活動	主な発問と生徒の心の動き	支援（◎）と評価（★）
導入	１自分たちの太鼓を視聴しながら、興味を持つ。	○先日の２年１組の太鼓の授業をビデオに収めています。（３分）初めて自分のたたく姿を見てどうですか。	◎本時の内容につながる興味をふくらませる。気楽に発言させる。
展開	２資料前半を読み概要をつかむ。	○登場人物を整理しましょう。 ・宮本先生 ・俺 ・K……リーダー、ケガ ・TとM……対立	◎21年前の吉和中の話であることにふれる。 ◎テンポよく要点を確認していく。

	3資料後半を読み登場人物の心情を考える。	○もし自分なら、どちらの意見に賛成しますか。 ◇**出演する（M派）** ・せっかくここまで練習したから。 ・プログラムに組んであるから。 ・Kも出てほしいと思うだろうから。 ◇**出演しない（T派）** ・Kの気持ちを考えると出られない。 ・Kに恨まれる。自分たちだけいい思いをして……。 ・Kがいない太鼓はやる気が出ない。	◎ワークシートに考えを整理させ、ネームプレートで意思表示をさせる。 それぞれの立場からの意見を発表させる。 ★Kの気持ちはどうなのかを考えているか。（自分がKの立場なら……） （発言・ワークシート）
展開		○④演奏が終わった時のみんなの涙は、どんな気持ちから出たものなのでしょうか。 ◇やった！！（個人の達成感） ・うまくいったぞ。 ・すごい拍手だ。 ・これまでがんばった甲斐があった。 ◇ありがとう！！（感謝） ・K、よく来てくれた。	◎ワークシートに書かせたあと発表させる。 ◎意図的指名をして、整理していく。
		・いろいろ教えてくれてありがとう。 （補）なぜ、来ないKの太鼓までわざわざ出していたのか。 ・Kも太鼓のメンバーだ。 ・Kの分までしっかりたたくぞ。 （補）Kはなぜ太鼓をたたきに来たのだろうか。 ・自分もたたきたかったから。 ・みんなと一緒にしたかった。 ・自分もメンバーの１人だからどうしても行かないといけないと思ったから。 ◇みんなでやったぞ！！（集団の達成感） ・みんながいたから成功できた。	◎みんなの思いは、この行動によって１つになっていたことに気づかせる。 ◎Kも自分のことだけでなく、太鼓のメンバーのことを考えて学校へ来たことに気づかせる。 ★吉中太鼓によって作り上げられた友情の深さに気づいているか。（発言・ワークシート）

終 末	４先輩からの手紙を読み考えを深める。 ５本時のまとめをする。	◯K先輩からの手紙を朗読します。 ◯吉中太鼓１期生の発表の様子を写真で紹介します。 ◯自己評価と感想を記入しましょう。	◎余韻を残して終わるために提示するのみ。

（10）　板書計画

（p.200参照）

（11）　資料

（吉中太鼓の創始者である宮本昭二元教諭への聞き取りを基にして、木下宏二が作成した自作資料）

吉中太鼓誕生物語（木下宏二作）

９月になった。いよいよ今日から俺たちの太鼓の練習が始まる。宮本先生に連れられ、俺たち７人が福山の誠之中学校の和太鼓を見に行ってから３か月。あまりの迫力に圧倒され、帰り道で宮本先生に、

「おい、おまえらも太鼓たたかんか？」

と言われても、誰一人返事をすることができなかった。「*ぶち、かっこええ！」７人とも間違いなくそう思ったはずだ。しかし、生まれて一度も太鼓なんてたたいたことのない俺たちにとって、あまりに遠い世界のことに見えていたのだ。学校でダラダラしては授業をさぼり、悪いことばかりを繰り返していた俺たち７人にとって、あんな太鼓が自分らにたたけるわけがないことはわかっていた。でも、みんなどうしてもあの太鼓のことが頭から離れず、ふと気づくとあの日の太鼓を思い出して無意識に机をたたいたりしていた。そんな様子にお互いが気づいたのか、誰からかははっきりしないが、ちょっとやってみるかくらいのノリで宮本先生に言いに行ったのが始まりである。「よっしゃ、分かった。２学期になったら練習を始めるで。運動会の時に全校の前で演奏しょうで」

こうして俺らの太鼓はスタートした。

＊すごくかっこいい

もちろん吉中に太鼓などあるわけがない。太鼓は地元の「吉

〈板書計画〉

吉中太鼓誕生物語

登場人物

（絵）宮本先生

（絵）俺

（絵）K

（絵）T

（絵）M

もしあなたならどちらに賛成しますか。

M派（出演する）

←ネームプレート

T派（出演しない）

みんなの涙はどんな気持ちから出たものでしょう。

○やった！
うまくいった。
すごい拍手だ。

個人の達成感

○ありがとう！
Kよく来てくれた。
教えてくれてありがとう。

感謝

○みんなでやった！

集団の達成感

和太鼓踊り保存会」から何とか借りることができた。さらに、この話を聞いた生徒会の５人が加わり、宮本先生を頭（かしら）に総勢13名。練習は朝の７時半からの30分とクラブ後の１時間。まだまだ暑い毎日が続き、おまけに運動会の練習も始まっていた……。かなりきつい毎日である。最初は珍しくて必死にやっていたが、なかなか上達しない自分に腹が立って、３日もたつとめっきりやる気も無くなっていった。そんな時、みんなに「練習しょうで！」と声をかけ続けたのがKであった。Kは野球部に入っていて、体は大きくはなかったが運動神経は良く、またあの７人グループの中でもリーダー的な存在だった。うまくいかないとすぐに「やめた！」と投げ出す俺たちに、

「もう１回やってみ。俺も隣で一緒に*たたいちゃるけえ。」と言っては、バチを手渡し、隣で真剣に太鼓に向かうKの姿に圧倒されて、俺たちも練習を何とか続けることができた。

＊たたいてやるから

いよいよラスト１週間という月曜日になった。本番の運動会のことがやっと心配になり始めた。まだまだできないことだらけ……。しかも、日にちはどんどん迫ってくる……。そんな不安もあってか、日に日にみんなが集まる時間も早くなった。先週までは「朝はどうしても起きられん」と言って朝練に一度も姿を見せなかったTも、今朝は寝ぐせだらけの頭で現れた。

運動会の方も仕上げの段階に入っていった。中でも、３年男子にとっては組体操が運動会で一番気合いを入れている種目だ。今日からついにタワー、ピラミットといった大技の練習が始まる。そんな中、事故は起こった。ドンッという鈍い音に続いて、「大丈夫か？」という声。すぐにできた人垣の向こうで、地面に倒れていたのはKだった。すぐに駆けつけた宮本先生が、

「動かすな！」

「誰か職員室行って救急車呼んでもらってこい！」

と、怒鳴った。Kは地面に倒れたまま動かない。少しして救急車のサイレンが聞こえ、Kは担架に乗せられて病院へと運

ばれた。近くにいた人の話ではタワーの一番上からバランスをくずして落ちたらしい。放課後、いつものように練習をする気にもなれず、一緒に病院へ行った先生の帰りをみんなでスタンドに座って待っていた。夕日が姿を消しかける頃になって、ようやく先生が帰ってきた。

「Kはどうなん？大丈夫なん？」

みんなが口々に聞いた。

「いや……、頸椎という首の骨を傷めたみたいじゃ。しばらくは*絶対安静ゆうて病院の先生が言よった……。しばらくは入院になるじゃろうな。」

「じゃあ、太鼓はどうなん？たたけんの？」

「そりゃあ……、無理じゃろ……。」

みんな言葉を失った。結局、その日は太鼓を出すこともなく家に帰った。家に着いてからも、Kのケガのこと、太鼓のことが頭から離れなかった。

「よーし、今日も*ぶち練習してかっこええ太鼓たたいちゃろうで！」

今朝の朝練の時のKの言葉が頭をめぐる。今、確かなことはKが運動会で一緒に太鼓をたたけないということ……。あれだけみんなを励まし、引っ張ってくれたKが……。

次の日の朝練に集まった時、それが話題になった。Tが、

「なあ、Kが来れんのに、*あとのもんだけで太鼓の発表するなんてありえんじゃろ。あいつが俺らの太鼓のリーダーよ。Kのくやしい気持ち考えたら、俺らだけのこのこ出ることできんじゃろ。」

と、言った。それに対してMが、

「俺らこの２週間、朝も放課後も練習してきたんで。出んのはもったいないで。それに、昨日プログラムもらったけど、３時から太鼓演奏って書いてあったで。じゃけえ、今さら出んなんて無理よ。」

意見はまっぷたつに分かれた。Kの気持ちを確かめようと思っても面会謝絶……。さらに、もう時間もない。２人の意

＊絶対安静だと病院の先生が言った

＊すごく

＊他の者だけで

見は平行線で、それどころか、話は少しずつ熱くなっていった。

「お前は、Kのこと心配じゃないんか？あいつだってたたきたいんで！そんな時に何で俺らだけで出るなんて言えるん？*わいには信じられんよ！」

「Kのことは心配しとるよ！当たり前じゃろ！じゃけえ、俺らがその分も頑張って太鼓を*たたきゃええじゃろうが！」

そんなやりとりがしばらく続き、そして2人はこちらを向いて、

「お前ら、何ずっと黙っとるん！何とか言えーや！」

……。体育館が静まりかえった。何か言おうにも、正直俺にはどうすればいいかわからなかったのである。

結局この話は、宮本先生から「今さらプログラムは変えられん」と言われ、予定通り演奏することで決着がついた。しかし、メンバーの中には何かこれまでとは違った変な空気が流れ続けていた。

そして、運動会の日がやってきた。もちろんKは来ていない。太鼓は午後の最後、3時から始まる。リレー、組体操……すべて順調に進み、いよいよ太鼓の出番がやってきた。気分を高め、集中しないといけないはずなのに、みんなどこかぼーっとして太鼓を並べていた。やはり、Kがいない中で演奏することが頭の中で整理できていないのだ。全員がスタンバイをした。いよいよ始まる……。ちょうどその時だった。一台の白い軽自動車が校門を通り抜けた。そして、グランドの横を通り、スタンドの横で止まった。車から降りてきたのは、なんとKだった。グランドにどよめきが起こった。母親らしき人に車いすを押され、理科室の前を進む……。そして、階段のところまで来ると、車いすから降り、手すりに*さばりつくようにしながら、自分の足でゆっくりゆっくりグラウンドへ降りてきた。みんながKのところへ駆け寄った。首には痛々しいギブスが、頑丈な包帯で固定されていた。

「見に来てくれたんか！」

と、Tが叫んだ。すると、Kは、

*ぼく

*たたいたらいいだろうが

*すがりつく

「いや、俺……たたきに来た……。」
みんな驚いた。
「大丈夫なんか？」
Kは、返事をするかわりに首に巻かれたギブスと包帯をとりながら、自分の太鼓の場所へとゆっくり歩き始めた。俺たちの中の話で、Kはいないが、本番ではKのところにも太鼓を出しておこうと決めていたのだ。グランドから拍手が起こった。後ろ姿をじっと眺めていた俺たちもふと我に返り、
「よっしゃ、やろうで！」
と、それぞれの場所についた。宮本先生の合図とともに演奏が始まった。Kの顔は痛みにゆがんでいた。しかし、俺たちと目が合うとにこっと笑ってみせた。20分の演奏はあっという間に終わった。「ヤー！」最後のバチが天に向かって伸びた瞬間、グランド全体からものすごく大きな拍手がわき起こった。その大きな拍手の中、驚いたことに涙が勝手にあふれ始めた。人前で泣いたことなんて覚えていないぐらい昔のこと……だけど、涙が止まらなかった。鳴りやまない拍手の中でまわりを見ると、俺だけじゃなかった。KもTも……、太鼓を打ったみんなが肩を震わせ泣いていた。

こんなドラマとともに、『吉中太鼓』は、その歴史を刻み始めたのである。

<終末資料（現在のKからの手紙）>
先生お久しぶりです。突然のお電話に驚きました。吉中太鼓のことで今の中学生にメッセージを書いてほしいと言われても、上手に書けるかどうかはわかりませんが自分なりに頑張って書いてみます。
あの日のことは今でもよく覚えています。突然入院することになって、しかも動いてはいけないと言われて落ち込みました。中でも太鼓がたたけないのはとてもショックでした。自分自身、あれだけ夢中になれたものはなかったです。出られる奴らのことを全然関係ないのに恨んだりしました。でも、そんなこと考えてしまう自分が情けなくて……さらに落ち込んでいました。こんな情けない自分じゃ嫌だと思って、とにかくはってでも太鼓をたたきに行こうと決めた

んです。運動会の日、母さんに「見るだけだから」とウソをついて学校に連れていってもらいました。車を降りた時、まず目がいったのは自分の太鼓……。置いてあった！いつもの自分の場所に。太鼓だけがぽつんと。「あーみんなは自分のことをちゃんと考えてくれてたんだ……」その瞬間に、ほかのみんなの気持ちが一瞬で伝わったきたました。知らないうちに、車いすを降りてグランドにむかっていました。痛くてたまらなかったけど、でも、自分も太鼓のメンバーなんだと思ったら、もう体が勝手に動いていました。（実は、こっそり病院でも練習はしてたんです。）みんなの気持ちがうれしくて、みんなでやれたことがうれしくて、泣けて泣けて涙が止まりませんでした。人前で泣くことも全然恥ずかしくはありませんでした。まさかあのあと、今までずっと太鼓が続くなんて……本当にびっくりしています。今年で21年目。本当にすごい……。今、振り返ってみると、太鼓で大事なのはワザじゃなくて心だと思います。自分らが本番で一番いい太鼓をたたけたのは、自分らがあの時初めて１つになったからじゃないのかな。うまく言えないけど、きっと太鼓を頑張ってたらわかるような気がします。それがわかったら、もっともっと太鼓が好きになると思います。あまり役に立てなかったかもしれません。でも、また、久しぶりに後輩たちの吉中太鼓聞きたくなりました。先生もお体に気をつけて頑張ってください。さようなら。

（12）　道徳学習プログラムについて

「どうして『吉中太鼓』が20年以上もの時間受け継がれてきたのか……」という問いの答えを生徒たちは見つめ直すことができた。ただ単に、太鼓を打つ技術を磨いているのではない。そこには、多くの先輩たちが流した涙、汗、苦労がすべて濃縮されている。吉中太鼓の創設者である体育の先生は、「心で打て、聞く人の心に響く太鼓を目指すんだ！」と、指導をされていた。吉中太鼓誕生のドラマは、これから人生を切り開いていく子どもたちに大きなエネルギーを与えてくれた。

吉中太鼓が吉和中学校教育の核であるという意識を、全教職員がもてるかどうかがこのプログラムの鍵である。吉中太鼓の授業は「総合的な学習の時間」の中核にも据えられ、各学年の半分の教員が学年の指導に当たっている。当時、放課後や夜に宮本教諭と自主練習をする若い教員がいたり、生徒と一緒に太鼓を打ち、ちょっとした時間に生徒と太鼓の話をする教員

がいたりと、職員の中に当たり前の姿として吉中太鼓が位置づいていた。1年間に吉中太鼓を校外で披露する場が何度もあるが、そこへ多くの教員が参加し、裏方で支え、共に太鼓を打つことで、生徒だけではなく教職員も含めた吉和中の輪が形成されていった。

吉中太鼓は校内の発表にとどまらず、地域の敬老会や尾道市のイベント、さらに他の中学校からの出演依頼を受けての演奏等、数々の発表の機会を得てきた。学校を離れた場所での演奏は、生徒の輸送や機材の運搬等で大変ではあるが、生徒にとっては生きた学習の場であった。極度の緊張感の中での演奏、そして会場からの心のこもった拍手など、3年間学年の生徒全員が様々な苦労を乗り越え、頑張って創り上げたものに対してストレートな評価を受けられることから、生徒の自己肯定感や自尊感情を育むことができた。

コラム⑥

教科と道徳教育

2008（平成20）年の学習指導要領の改訂を受け、学校における道徳教育は、「道徳の時間を要（かなめ）として学校の教育活動全体を通じて行う」ことが明示された。どうすれば、各教科や教科外活動と道徳教育とを関連させることができるのか、困っていらっしゃる先生もおられることだろう。特に中学校の先生方は、教科の専門だから、教科と道徳教育とを結びつけるということのイメージがなかなかわかないことと思う。

各教科等と道徳教育を結びつける一番わかりやすい方法は、学習規律として捉える方法である。２番目の方法は、教科の特性に合わせる方法である。３番目に、児童生徒の思考方法に合わせる方法である。

まず学習規律だが、これができていないと授業にならない。それ以前に、生活規律ができていないと、学習規律も身につかない。生活規律とは、生活の中で身につける規則正しい習慣のことである。自分で決めて自分を律する。これが家庭のしつけでできている子どもは、小学校に入ったときに学習規律に順応しやすい。学習規律とは、手をあげて発表する、友だちの意見を静かに聞く、先生のお話を最後まで聞く、大切なことはノートに書くなど、学習を成立させるために必要な約束事である。ささいなことでも、きっちりと徹底する必要がある。落ち着いている学級というのは、学習規律が守られている学級のことである。教科等の学習の基盤だといえる。

次に、教科の特性に合わせる方法である。道徳の読み物資料を使った道徳授業でよくある質問は、国語とどこが違うのかという質問である。私はこう答えることにしている。「国語の授業は、著者の意図を正しく理解することがねらいであり、道徳授業は、資料を素材として自分だったらどうするか、自分の生活や生き方に引きつけて考えることがねらいである」と。あるいは、生徒指導とはどう違うのか、と聞かれることもある。そのときには、「生徒指導は起こった事案についての指導が主なねらいで、道徳授業は、そのような事案が起こらないようにするのがねらいである」と答えるようにしている。つまり、国語や生徒指導は、道徳授業と似ているのである。このように、内容が似ている教科等において、道徳的な内容を含みこむことは難しくないだろう。道徳的な内容を含み込むというのは、道徳的価値について考えさせるということである。国語の例でいえば、著者の意図を正しく読み取った後、自分だったらどうするか、なぜそう考えるかといったことについて話し合う時間をとり、価値について考えさせるといったことが考えられる。国語で取り扱われている優れた文学作品などは、児童生徒の心をゆさぶる教材としても、効果的なものである。

最後に児童生徒の思考方法に合わせるという方法である。これはあまりなじみのない方法だと思う。永瀬らは、ピアジェの見解に注目し、道徳的思考と論理的思考との関連性を明らかにしている[1]。特にユニークなのは、算数・数学と道徳との関連に注目している点である。ピアジェ自身、これらは最も離れていると思われがちだが、実は最も近いのだと述べている[2]。児童生徒はたくさんのことを学校で勉強する。それらがバラバラの知識だったら、ひたすら覚えるしかない。でも児童生徒の思考方法に合う内容だったら、児童生徒は知識を組み合わせることができるだろう。そうすれば、頭の中に考える枠組みを作ることができるだろう。

そしてだんだんと、学校で勉強することがらを自分が作った枠組みに照らしてみて、合っているものは同じ枠組みの中にしまい、違っているものは新しい枠組みを作ってしまう作業を、頭の中でするようになるだろう。こうやって比較し分類し総合する思考方法を身につけることが、考える力をつけることだと思う。

思考方法の観点から見れば、教科の違いは大きな違いではない。算数で習うグラフの書き方と社会科で習うデータの読み方を関連づけることができたり、理科で習う物質の変容と家庭科の調理を関連づけたりできる。いつも新しい発見があるだろう。これが児童生徒の思考方法に合わせる方法である。

どれかでなくてはならないということではない。大切なことは、道徳教育がコアとなって、教科等の学習を関連づける必要があるということである。それは教師が意図的にしなければならない。少しのことでもよい。教科と道徳授業、体験活動と道徳授業を組み合わせて、児童生徒が、「あ、そうだったんだ」、「そういうことだったのか」と新たな発見をする学習を組み立てていくことが、楽しくためになる道徳授業につながると思う。

（鈴木由美子）

1　永瀬美帆・鈴木由美子「道徳教育と教科教育との関連づけの可能性と課題―道徳的思考と算数・数学科によって獲得する論理的思考との関連から―」広島大学大学院教育学研究科学習開発学講座『学習開発学研究』第４号、2010年、pp.43-52。

2　ジャン・ピアジェ／秋枝茂夫訳『教育の未来』法政大学出版局、1982年。

参考資料

［小学校学習指導要領］

第１章　総則

第１　教育課程編成の一般方針

1　各学校においては、教育基本法及び学校教育法その他の法令並びにこの章以下に示すところに従い、児童の人間として調和のとれた育成を目指し、地域や学校の実態及び児童の心身の発達の段階や特性を十分考慮して、適切な教育課程を編成するものとし、これらに掲げる目標を達成するよう教育を行うものとする。

学校の教育活動を進めるに当たっては、各学校において、児童に生きる力をはぐくむことを目指し、創意工夫を生かした特色ある教育活動を展開する中で、基礎的・基本的な知識及び技能を確実に習得させ、これらを活用して課題を解決するために必要な思考力、判断力、表現力その他の能力をはぐくむとともに、主体的に学習に取り組む態度を養い、個性を生かす教育の充実に努めなければならない。その際、児童の発達の段階を考慮して、児童の言語活動を充実するとともに、家庭との連携を図りながら、児童の学習習慣が確立するよう配慮しなければならない。

2　学校における道徳教育は、道徳の時間を要として学校の教育活動全体を通じて行うものであり、道徳の時間はもとより、各教科、外国語活動、総合的な学習の時間及び特別活動のそれぞれの特質に応じて、児童の発達の段階を考慮して、適切な指導を行わなければならない。

道徳教育は、教育基本法及び学校教育法に定められた教育の根本精神に基づき、人間尊重の精神と生命に対する畏（い）敬の念を家庭、学校、その他社会における具体的な生活の中に生かし、豊かな心をもち、伝統と文化を尊重し、それらをはぐくんできた我が国と郷土を愛し、個性豊かな文化の創造を図るとともに、公共の精神を尊び、民主的な社会及び国家の発展に努め、他国を尊重し、国際社会の平和と発展や環境の保全に貢献し未来を拓（ひら）く主体性のある日本人を育成するため、その基盤としての道徳性を養うことを目標とする。

道徳教育を進めるに当たっては、教師と児童及び児童相互の人間関係を深めるとともに、児童が自己の生き方についての考えを深め、家庭や地域社会との連携を図りながら、集団宿泊活動やボランティア活動、自然体験活動などの豊かな体験を通して児童の内面に根ざした道徳性の育成が図られるよう配慮しなければならない。その際、特に児童が基本的な生活習慣、社会生活上のきまりを身に付け、善悪を判断し、人間としてしてはならないことをしないようにすることなどに配慮しなければならない。

3　学校における体育・健康に関する指導は、児童の発達の段階を考慮して、学校の教育活動全体を通じて適切に行うものとする。特に、学校における食育の推進並びに体力の向上に関する指導、安全に関する指導及び心身の健康の保持増進に関する指導については、体育科の時間はもとより、家庭科、特別活動などにおいてもそれぞれの特質に応じて適切に行うよう努めることとする。また、それらの指導を通して、家庭や地域社会との連携を図りながら、日常生活において適切な体育・健康に関する活動の実践を促し、生涯を通じて健康・安全で活力ある生活を送るための基礎が培われるよう配慮しなければならない。

第3章　道徳

第1　目標

道徳教育の目標は、第1章総則の第1の2に示すところにより、学校の教育活動全体を通じて、道徳的な心情、判断力、実践意欲と態度などの道徳性を養うこととする。

道徳の時間においては、以上の道徳教育の目標に基づき、各教科、外国語活動、総合的な学習の時間及び特別活動における道徳教育と密接な関連を図りながら、計画的、発展的な指導によってこれを補充、深化、統合し、道徳的価値の自覚及び自己の生き方についての考えを深め、道徳的実践力を育成するものとする。

第2　内容

道徳の時間を要（かなめ）として学校の教育活動全体を通じて行う道徳教育の内容は、次のとおりとする。

〔第1学年及び第2学年〕

1　主として自分自身に関すること。

（1）　健康や安全に気を付け、物や金銭を大切にし、身の回りを整え、わがままをしないで、規則正しい生活をする。

（2）　自分がやらなければならない勉強や仕事は、しっかりと行う。

（3）　よいことと悪いことの区別をし、よいと思うことを進んで行う。

（4）　うそをついたりごまかしをしたりしないで、素直に伸び伸びと生活する。

2　主として他の人とのかかわりに関すること。

（1）　気持ちのよいあいさつ、言葉遣い、動作などに心掛けて、明るく接する。

（2）　幼い人や高齢者など身近にいる人に温かい心で接し、親切にする。

（3）　友達と仲よくし、助け合う。

（4）　日ごろ世話になっている人々に感謝する。

3　主として自然や崇高なものとのかかわりに関すること。
（1）　生きることを喜び、生命を大切にする心をもつ。
（2）　身近な自然に親しみ、動植物に優しい心で接する。
（3）　美しいものに触れ、すがすがしい心をもつ。
4　主として集団や社会とのかかわりに関すること。
（1）　約束やきまりを守り、みんなが使う物を大切にする。
（2）　働くことのよさを感じて、みんなのために働く。
（3）　父母、祖父母を敬愛し、進んで家の手伝いなどをして、家族の役に立つ喜びを知る。
（4）　先生を敬愛し、学校の人々に親しんで、学級や学校の生活を楽しくする。
（5）　郷土の文化や生活に親しみ、愛着をもつ。

〔第3学年及び第4学年〕
1　主として自分自身に関すること。
（1）　自分でできることは自分でやり、よく考えて行動し、節度のある生活をする。
（2）　自分でやろうと決めたことは、粘り強くやり遂げる。
（3）　正しいと判断したことは、勇気をもって行う。
（4）　過ちは素直に改め、正直に明るい心で元気よく生活する。
（5）　自分の特徴に気付き、よい所を伸ばす。
2　主として他の人とのかかわりに関すること。
（1）　礼儀の大切さを知り、だれに対しても真心をもって接する。
（2）　相手のことを思いやり、進んで親切にする。
（3）　友達と互いに理解し、信頼し、助け合う。
（4）　生活を支えている人々や高齢者に、尊敬と感謝の気持ちをもって接する。
3　主として自然や崇高なものとのかかわりに関すること。
（1）　生命の尊さを感じ取り、生命あるものを大切にする。
（2）　自然のすばらしさや不思議さに感動し、自然や動植物を大切にする。
（3）　美しいものや気高いものに感動する心をもつ。
4　主として集団や社会とのかかわりに関すること。
（1）　約束や社会のきまりを守り、公徳心をもつ。
（2）　働くことの大切さを知り、進んでみんなのために働く。
（3）　父母、祖父母を敬愛し、家族みんなで協力し合って楽しい家庭をつくる。
（4）　先生や学校の人々を敬愛し、みんなで協力し合って楽しい学級をつくる。
（5）　郷土の伝統と文化を大切にし、郷土を愛する心をもつ。
（6）　我が国の伝統と文化に親しみ、国を愛する心をもつとともに、外国の人々や文化に関心をもつ。

〔**第５学年及び第６学年**〕
１　主として自分自身に関すること。
（１）　生活習慣の大切さを知り、自分の生活を見直し、節度を守り節制に心掛ける。
（２）　より高い目標を立て、希望と勇気をもってくじけないで努力する。
（３）　自由を大切にし、自律的で責任のある行動をする。
（４）　誠実に、明るい心で楽しく生活する。
（５）　真理を大切にし、進んで新しいものを求め、工夫して生活をよりよくする。
（６）　自分の特徴を知って、悪い所を改めよい所を積極的に伸ばす。
２　主として他の人とのかかわりに関すること。
（１）　時と場をわきまえて、礼儀正しく真心をもって接する。
（２）　だれに対しても思いやりの心をもち、相手の立場に立って親切にする。
（３）　互いに信頼し、学び合って友情を深め、男女仲よく協力し助け合う。
（４）　謙虚な心をもち、広い心で自分と異なる意見や立場を大切にする。
（５）　日々の生活が人々の支え合いや助け合いで成り立っていることに感謝し、それにこたえる。
３　主として自然や崇高なものとのかかわりに関すること。
（１）　生命がかけがえのないものであることを知り、自他の生命を尊重する。
（２）　自然の偉大さを知り、自然環境を大切にする。
（３）　美しいものに感動する心や人間の力を超えたものに対する畏敬の念をもつ。
４　主として集団や社会とのかかわりに関すること。
（１）　公徳心をもって法やきまりを守り、自他の権利を大切にし進んで義務を果たす。
（２）　だれに対しても差別をすることや偏見をもつことなく公正、公平にし、正義の実現に努める。
（３）　身近な集団に進んで参加し、自分の役割を自覚し、協力して主体的に責任を果たす。
（４）　働くことの意義を理解し、社会に奉仕する喜びを知って公共のために役に立つことをする。
（５）　父母、祖父母を敬愛し、家族の幸せを求めて、進んで役に立つことをする。
（６）　先生や学校の人々への敬愛を深め、みんなで協力し合いよりよい校風をつくる。

（7） 郷土や我が国の伝統と文化を大切にし、先人の努力を知り、郷土や国を愛する心をもつ。

（8） 外国の人々や文化を大切にする心をもち、日本人としての自覚をもって世界の人々と親善に努める。

第3　指導計画の作成と内容の取扱い

1　各学校においては、校長の方針の下に、道徳教育の推進を主に担当する教師（以下「道徳教育推進教師」という。）を中心に、全教師が協力して道徳教育を展開するため、次に示すところにより、道徳教育の全体計画と道徳の時間の年間指導計画を作成するものとする。

（1） 道徳教育の全体計画の作成に当たっては、学校における全教育活動との関連の下に、児童、学校及び地域の実態を考慮して、学校の道徳教育の重点目標を設定するとともに、第2に示す道徳の内容との関連を踏まえた各教科、外国語活動、総合的な学習の時間及び特別活動における指導の内容及び時期並びに家庭や地域社会との連携の方法を示す必要があること。

（2） 道徳の時間の年間指導計画の作成に当たっては、道徳教育の全体計画に基づき、各教科、外国語活動、総合的な学習の時間及び特別活動との関連を考慮しながら、計画的、発展的に授業がなされるよう工夫すること。その際、第2に示す各学年段階ごとの内容項目について、児童や学校の実態に応じ、2学年間を見通した重点的な指導や内容項目間の関連を密にした指導を行うよう工夫すること。ただし、第2に示す各学年段階ごとの内容項目は相当する各学年においてすべて取り上げること。なお、特に必要な場合には、他の学年段階の内容項目を加えることができること。

（3） 各学校においては、各学年を通じて自立心や自律性、自他の生命を尊重する心を育てることに配慮するとともに、児童の発達の段階や特性等を踏まえ、指導内容の重点化を図ること。特に低学年ではあいさつなどの基本的な生活習慣、社会生活上のきまりを身に付け、善悪を判断し、人間としてしてはならないことをしないこと、中学年では集団や社会のきまりを守り、身近な人々と協力し助け合う態度を身に付けること、高学年では法やきまりの意義を理解すること、相手の立場を理解し、支え合う態度を身に付けること、集団における役割と責任を果たすこと、国家・社会の一員としての自覚をもつことなどに配慮し、児童や学校の実態に応じた指導を行うよう工夫すること。また、高学年においては、悩みや葛藤（かっとう）等の心の揺れ、人間関係の理解等の課題を積極的に取り上げ、自己の生き方についての考えを一層深められるよう指導を工夫すること。

2　第2に示す道徳の内容は、児童が自ら道徳性をはぐくむためのものであり、道徳の時間はもとより、各教科、外国語活動、総合的な学習の時間及び特別活動においてもそれぞれの特質に応じた適切な指導を行うものとする。その際、児童自らが成長を実感でき、これからの課題や目標が見付けられるよう工夫する必要がある。

3　道徳の時間における指導に当たっては、次の事項に配慮するものとする。

（1）　校長や教頭などの参加、他の教師との協力的な指導などについて工夫し、道徳教育推進教師を中心とした指導体制を充実すること。

（2）　集団宿泊活動やボランティア活動、自然体験活動などの体験活動を生かすなど、児童の発達の段階や特性等を考慮した創意工夫ある指導を行うこと。

（3）　先人の伝記、自然、伝統と文化、スポーツなどを題材とし、児童が感動を覚えるような魅力的な教材の開発や活用を通して、児童の発達の段階や特性等を考慮した創意工夫ある指導を行うこと。

（4）　自分の考えを基に、書いたり話し合ったりするなどの表現する機会を充実し、自分とは異なる考えに接する中で、自分の考えを深め、自らの成長を実感できるよう工夫すること。

（5）　児童の発達の段階や特性等を考慮し、第2に示す道徳の内容との関連を踏まえ、情報モラルに関する指導に留意すること。

4　道徳教育を進めるに当たっては、学校や学級内の人間関係や環境を整えるとともに、学校の道徳教育の指導内容が児童の日常生活に生かされるようにする必要がある。また、道徳の時間の授業を公開したり、授業の実施や地域教材の開発や活用などに、保護者や地域の人々の積極的な参加や協力を得たりするなど、家庭や地域社会との共通理解を深め、相互の連携を図るよう配慮する必要がある。

5　児童の道徳性については、常にその実態を把握して指導に生かすよう努める必要がある。ただし、道徳の時間に関して数値などによる評価は行わないものとする。

［中学校学習指導要領］

第1章　総則

第1　教育課程編成の一般方針

1　各学校においては、教育基本法及び学校教育法その他の法令並びにこの章以下に示すところに従い、生徒の人間として調和のとれた育成を目指し、地域や学校の実態及び生徒の心身の発達の段階や特性等を十分考慮して、適切な教育課程を編成するものとし、これらに掲げる目標を達成するよう教育を行うものとする。

学校の教育活動を進めるに当たっては、各学校において、生徒に生きる力をはぐくむことを目指し、創意工夫を生かした特色ある教育活動を展開する中で、基礎的・基本的な知識及び技能を確実に習得させ、これらを活用して課題を解決するために必要な思考力、判断力、表現力その他の能力をはぐくむとともに、主体的に学習に取り組む態度を養い、個性を生かす教育の充実に努めなければならない。その際、生徒の発達の段階を考慮して、生徒の言語活動を充実するとともに、家庭との連携を図りながら、生徒の学習習慣が確立するよう配慮しなければならない。

2　学校における道徳教育は、道徳の時間を要として学校の教育活動全体を通じて行うものであり、道徳の時間はもとより、各教科、総合的な学習の時間及び特別活動のそれぞれの特質に応じて、生徒の発達の段階を考慮して、適切な指導を行わなければならない。

道徳教育は、教育基本法及び学校教育法に定められた教育の根本精神に基づき、人間尊重の精神と生命に対する畏（い）敬の念を家庭、学校、その他社会における具体的な生活の中に生かし、豊かな心をもち、伝統と文化を尊重し、それらをはぐくんできた我が国と郷土を愛し、個性豊かな文化の創造を図るとともに、公共の精神を尊び、民主的な社会及び国家の発展に努め、他国を尊重し、国際社会の平和と発展や環境の保全に貢献し未来を拓（ひら）く主体性のある日本人を育成するため、その基盤としての道徳性を養うことを目標とする。

道徳教育を進めるに当たっては、教師と生徒及び生徒相互の人間関係を深めるとともに、生徒が道徳的価値に基づいた人間としての生き方についての自覚を深め、家庭や地域社会との連携を図りながら、職場体験活動やボランティア活動、自然体験活動などの豊かな体験を通して生徒の内面に根ざした道徳性の育成が図られるよう配慮しなければならない。その際、特に生徒が自他の生命を尊重し、規律ある生活ができ、自分の将来を考え、法やきまりの意義の理解を深め、主体的に社会の形成に参画し、国際社会に生きる日本人としての自覚を身に付けるようにすることなどに配慮しなければならない。

3　学校における体育・健康に関する指導は、生徒の発達の段階を考慮して、学校の教育活動全体を通じて適切に行うものとする。特に、学校における食育の推進並びに体力の向上に関する指導、安全に関する指導及び心身の健康の保持増進に関する指導については、保健体育科の時間はもとより、技術・家庭科、特別活動などにおいてもそれぞれの特質に応じて適切に行うよう努めることとする。また、それらの指導を通して、家庭や地域社会との連携を図りながら、日常生活において適切な体育･健康に関する活動の実践を促し、生涯を通じて健康・安全で活力ある生活を送るための基礎が培われるよう配慮しなければならない。

第3章　道徳

第1　目標

道徳教育の目標は、第1章総則の第1の2に示すところにより、学校の教育活動全体を通じて、道徳的な心情、判断力、実践意欲と態度などの道徳性を養うこととする。

道徳の時間においては、以上の道徳教育の目標に基づき、各教科、総合的な学習の時間及び特別活動における道徳教育と密接な関連を図りながら、計画的、発展的な指導によってこれを補充、深化、統合し、道徳的価値及びそれに基づいた人間としての生き方についての自覚を深め、道徳的実践力を育成するものとする。

第2　内容

道徳の時間を要(かなめ)として学校の教育活動全体を通じて行う道徳教育の内容は、次のとおりとする。

1　主として自分自身に関すること。

（1）　望ましい生活習慣を身に付け、心身の健康の増進を図り、節度を守り節制に心掛け調和のある生活をする。

（2）　より高い目標を目指し、希望と勇気をもって着実にやり抜く強い意志をもつ。

（3）　自律の精神を重んじ、自主的に考え、誠実に実行してその結果に責任をもつ。

（4）　真理を愛し、真実を求め、理想の実現を目指して自己の人生を切り拓いていく。

（5）　自己を見つめ、自己の向上を図るとともに、個性を伸ばして充実した生き方を追求する。

2　主として他の人とのかかわりに関すること。

（1）　礼儀の意義を理解し、時と場に応じた適切な言動をとる。

（2）　温かい人間愛の精神を深め、他の人々に対し思いやりの心をもつ。

（3）　友情の尊さを理解して心から信頼できる友達をもち、互いに励まし合い、高め合う。

（4）　男女は、互いに異性についての正しい理解を深め、相手の人格を尊重する。

（5）　それぞれの個性や立場を尊重し、いろいろなものの見方や考え方があることを理解して、寛容の心をもち謙虚に他に学ぶ。

（6） 多くの人々の善意や支えにより、日々の生活や現在の自分があることに感謝し、それにこたえる。

3 主として自然や崇高なものとのかかわりに関すること。

（1） 生命の尊さを理解し、かけがえのない自他の生命を尊重する。

（2） 自然を愛護し、美しいものに感動する豊かな心をもち、人間の力を超えたものに対する畏敬の念を深める。

（3） 人間には弱さや醜さを克服する強さや気高さがあることを信じて、人間として生きることに喜びを見いだすように努める。

4 主として集団や社会とのかかわりに関すること。

（1） 法やきまりの意義を理解し、遵（じゅん）守するとともに、自他の権利を重んじ義務を確実に果たして、社会の秩序と規律を高めるように努める。

（2） 公徳心及び社会連帯の自覚を高め、よりよい社会の実現に努める。

（3） 正義を重んじ、だれに対しても公正、公平にし、差別や偏見のない社会の実現に努める。

（4） 自己が属する様々な集団の意義についての理解を深め、役割と責任を自覚し集団生活の向上に努める。

（5） 勤労の尊さや意義を理解し、奉仕の精神をもって、公共の福祉と社会の発展に努める。

（6） 父母、祖父母に敬愛の念を深め、家族の一員としての自覚をもって充実した家庭生活を築く。

（7） 学級や学校の一員としての自覚をもち、教師や学校の人々に敬愛の念を深め、協力してよりよい校風を樹立する。

（8） 地域社会の一員としての自覚をもって郷土を愛し、社会に尽くした先人や高齢者に尊敬と感謝の念を深め、郷土の発展に努める。

（9） 日本人としての自覚をもって国を愛し、国家の発展に努めるとともに、優れた伝統の継承と新しい文化の創造に貢献する。

（10） 世界の中の日本人としての自覚をもち、国際的視野に立って、世界の平和と人類の幸福に貢献する。

第3 指導計画の作成と内容の取扱い

1 各学校においては、校長の方針の下に、道徳教育の推進を主に担当する教師（以下「道徳教育推進教師」という。）を中心に、全教師が協力して道徳教育を展開するため、次に示すところにより、道徳教育の全体計画と道徳の時間の年間指導計画を作成するものとする。

（1） 道徳教育の全体計画の作成に当たっては、学校における全教育活動との関連の下に、生徒、学校及び地域の実態を考慮して、学校の道徳教育の重点目標を設定するとともに、第２に示す道徳の内容との関連を踏まえた各教科、総合的な学習の時間及び特別活動における指導の内容及び時期並びに家庭や地域社会との連携の方法を示す必要があること。

（２）　道徳の時間の年間指導計画の作成に当たっては、道徳教育の全体計画に基づき、各教科、総合的な学習の時間及び特別活動との関連を考慮しながら、計画的、発展的に授業がなされるよう工夫すること。その際、第２に示す各内容項目の指導の充実を図る中で、生徒や学校の実態に応じ、３学年間を見通した重点的な指導や内容項目間の関連を密にした指導を行うよう工夫すること。ただし、第２に示す内容項目はいずれの学年においてもすべて取り上げること。

（３）　各学校においては、生徒の発達の段階や特性等を踏まえ、指導内容の重点化を図ること。特に、自他の生命を尊重し、規律ある生活ができ、自分の将来を考え、法やきまりの意義の理解を深め、主体的に社会の形成に参画し、国際社会に生きる日本人としての自覚を身に付けるようにすることなどに配慮し、生徒や学校の実態に応じた指導を行うよう工夫すること。また、悩みや葛藤（かっとう）等の思春期の心の揺れ、人間関係の理解等の課題を積極的に取り上げ、道徳的価値に基づいた人間としての生き方について考えを深められるよう配慮すること。

2　第２に示す道徳の内容は、生徒が自ら道徳性をはぐくむためのものであり、道徳の時間はもとより、各教科、総合的な学習の時間及び特別活動においてもそれぞれの特質に応じた適切な指導を行うものとする。その際、生徒自らが成長を実感でき、これからの課題や目標が見付けられるよう工夫する必要がある。

3　道徳の時間における指導に当たっては、次の事項に配慮するものとする。

（１）　学級担任の教師が行うことを原則とするが、校長や教頭などの参加、他の教師との協力的な指導などについて工夫し、道徳教育推進教師を中心とした指導体制を充実すること。

（２）　職場体験活動やボランティア活動、自然体験活動などの体験活動を生かすなど、生徒の発達の段階や特性等を考慮した創意工夫ある指導を行うこと。

（３）　先人の伝記、自然、伝統と文化、スポーツなどを題材とし、生徒が感動を覚えるような魅力的な教材の開発や活用を通して、生徒の発達の段階や特性等を考慮した創意工夫ある指導を行うこと。

（４）　自分の考えを基に、書いたり討論したりするなどの表現する機会を充実し、自分とは異なる考えに接する中で、自分の考えを深め、自らの成長を実感できるよう工夫すること。

（5） 生徒の発達の段階や特性等を考慮し、第２に示す道徳の内容との関連を踏まえて、情報モラルに関する指導に留意すること。

4　道徳教育を進めるに当たっては、学校や学級内の人間関係や環境を整えるとともに、学校の道徳教育の指導内容が生徒の日常生活に生かされるようにする必要がある。また、道徳の時間の授業を公開したり、授業の実施や地域教材の開発や活用などに、保護者や地域の人々の積極的な参加や協力を得たりするなど、家庭や地域社会との共通理解を深め、相互の連携を図るよう配慮する必要がある。

5　　生徒の道徳性については、常にその実態を把握して指導に生かすよう努める必要がある。ただし、道徳の時間に関して数値などによる評価は行わないものとする。

用語解説

【あ行】

一般化　教材で学んだ価値や考え方を、日常の中で振り返り、今後の生活や生き方に結びつけるようにすること。日常化ともいう。

一括提示　教材全体を展開前段で提示し、その後話し合いなどをすることを通して価値へと迫らせる資料提示の方法。教材は素材であり、その後の話し合いや意見交流に意味がある。短い資料の場合や、資料を読んだ後にしっかりと話し合いをさせたい場合には、この方法がよい。（→分割提示）

【か行】

基本発問　中心場面の前後に価値の把握を効果的にする発問。（→中心発問、補助発問）

機能的導入　授業の冒頭で、リラックスした雰囲気を作り、展開で多様で自由な意見を交流できるよう促すことをねらった導入。ゲームやクイズを取り入れたり、歌や音楽を流したりといった方法がある。話し合いや意見交流に重点をおくときに効果的である。（→内容的導入）

形成的評価　学習指導の途中において実施し、それまでの指導内容を学習者がどの程度理解したかを評価する機能のこと。教師はこの情報を元に指導の計画を変更したり、理解の足りない部分について、あるいは理解の足りない学習者に対して補充的な指導を行うことになる。（→診断的評価、総括的評価）

ゲスト・ティーチャー　資料の内容に係る地域の人々や専門家等に、もうひとりの教師として参加していただく授業形態。授業の中で実体験に基づき分かりやすく語ってもらう機会を設けることで、資料内容の理解や思考を深める上で効果的である。

向社会的行動　外的な報酬を期待することなしに、他人や他の集団を助けようとして、あるいはためになることをしようとしてなされる自発的な行為のことで、いわゆる思いやりや親切さなどといった道徳性のポジティブな側面。

構造的板書　授業の進行に従って次第に全体像を明らかにしていき、授業の終末場面ではじめて、各要素の全体のなかでの意味を明らかにする板書。構成的板書ともいう。（→体系的板書、表現的板書）

【さ行】

終末　その時間で学習したことをまとめ、整理をする時間。余韻を残して終わるオープンエンドや、まとめて終わるクローズドエンドなど、様々な方法がある。次時の課題への発展なども考えられる。

資料提示　道徳授業で使う読み物資料等の提示のこと。教師が判読したり、語り聞かせたりすることが多い。読み物資料を一度に最後まで提示することを一括提示、途中で切りながら提示することを分割提示という。（→分割提示、一括提示）

自律の道徳　大人による懲罰の有無とは無関係に、自律的に道徳的判断を行う状態で、協同的行為の相手を互いに尊重することで生じる。（→他律の道徳）

心情教材　主人公に役割取得し、主人公の立場に立って考えることを通して、道徳的価値に気づかせることをねらった教材である。

心情曲線　登場人物の心情の変化を曲線で表したもの。道徳授業の板書や道徳教材の分析でもよく活用される。

心情ジレンマ教材　主人公の心情的な葛藤が含まれている道徳教材である。「善」対「善」の価値葛藤を含むモラル・ジレンマ教材とは異なり、「善」対「より善」のように、子どもたちに気づかせたいより質の高い考えや方向性を含んだ教材である。（→モラル・ジレンマ教材）

診断的評価　学習指導を行う前に実施し、指導を行う前の時点での学習者の学力やレディネスを評価する機能のこと。教師はこの情報を元に指導の計画を立てることになる。（→形成的評価、総括的評価）

正義の道徳　コールバーグの理論で示された道徳で、対立する主張について、普遍的な妥当性をもった解決を志向する正義の原理に基づいている。（→配慮と責任の道徳）

総括的評価　学習指導の終了後に行い、学習者が最終的にどの程度の学力を身に付けたかを評価する機能のこと。一般には評定する（成績をつける）際に使用するほか、教師が自らの指導を省みる材料としても活用できる。（→診断的評価、形成的評価）

相互評価　児童同士あるいは教師同士が相互に評価する機能のこと。

【た行】

体系的板書　授業内容を順次説明しながら、その要点を整然と体系的にまとめて

いく板書。(→構造的板書、表現的板書)

立ち止まり読み　資料の話の流れを大切にしながら、適宜資料提示を止め、内容を確認したりその時の状況をイメージさせたりする資料提示の方法である。低学年の授業や長い資料の際に特に有効である。

他律の道徳　大人の権威に拘束されている他律的な道徳判断の状態で、大人による懲罰を意識して判断を行う。(→自律の道徳)

中心発問　ねらいとする価値を追求させる発問。(→基本発問、補助発問)

展開　授業で、導入と終末を除いた部分を展開と呼ぶ。道徳授業の場合、展開は前段と後段とに分けられる場合が多い。展開前段は、価値に気づかせるまでをさす。展開後段は、様々な方法を通して、子どもたちが考え、話し合い、価値に迫っていく時間である。価値を深め一般化する部分をさす。(→一般化)

動作化　教材中の人物が行った行為を身体を使って再現させることを通して、行為の動機や考え方などを追体験させる方法。

道徳性　道徳性は、「人間としての本来的な在り方やよりよい生き方を目指してなされる道徳的行為を可能にする人格的特性であり、人格の基盤をなすもの」とされる(『小学校学習指導要領解説　道徳編』)。学習指導要領では、道徳性を、「道徳的な心情、判断力、実践的意欲と態度など」とし、「道徳的心情」、「道徳的判断力」、「道徳的実践意欲と態度」などを養うことを、道徳教育の目標にあげている。(→道徳的心情、道徳的判断力、道徳的実践意欲と態度)

道徳的実践意欲と態度　「道徳的心情や道徳的判断力によって価値があるとされた行動をとろうとする傾向性」(『小学校学習指導要領解説　道徳編』)。道徳的行為を実践するには、それをしたいという心情と、それをすべきだとする判断と、自分がしようという意欲が必要である。道徳的行為を後押しし、実践化を推し進めるものだともいえる。

道徳的心情　「道徳的価値の大切さを感じ取り、善を行うことを喜び、悪を憎む感情のこと」(『小学校学習指導要領解説　道徳編』)。自分が行動したことで気持ちがすっきりしたり、うれしい気持ちになったり、悲しい気持ちになったりする感情を経験しながら、何が善いことで何が悪いことかを学んでいく。道徳的行為を動機づける感情である。

道徳的判断力　「それぞれの場面において善悪を判断する能力」(『小学校学習指導要領解説　道徳編』)。生活する上で迷い悩むことに出会ったとき、どのように行動するのが善いのか判断する能力である。道徳的行為を方向づける能力ともいえる。

導入　授業の冒頭で、教材との出会いや学習課題への接近も含め、その時間で何を学ぶのか明確に示す段階である。機能的導入と内容的導入がある。（→機能的導入、内容的導入）

【な行】

内容的導入　授業の冒頭で、展開での学習内容に関わることがらを取り上げて、内容理解を深めることをねらった導入。運動会の内容を取り上げるときに、走っている姿を想起させる写真を使ったり、誕生会の内容を取り上げるときに、自分の誕生日のことを思い出させたりするような方法である。プログラムタイプの道徳授業では、とくに効果的である。（→機能的導入）

【は行】

配慮と責任の道徳　ギリガンが、コールバーグの理論で示された正義の道徳は人間の道徳性の一面にすぎないとして主張した、人間関係を重視し配慮や責任を基本とする道徳。（→正義の道徳）

評価規準　「何を評価するのか」「何を身につけさせたいか」という目標や行動などの質的な拠り所を示すものである。その拠り所は「指導目標」や「ねらい」等であり、「どのような力を身につけさせたいか」ということを、より具体化した形で記述する必要がある。（→評価基準）

評価基準　設定した評価規準について、達成度や発達の状況の程度を判定するための尺度的、量的な到達度の拠り所を示すものである。したがって、授業の展開に応じてより具体的な子どもの姿を想定しながら、尺度的な表現で基準を設定する必要がある。（→評価規準）

表現的板書　あるテーマへの子どもの発言や表現をそのまま、または要点をまとめて書いていく板書。（→構造的板書、体系的板書）

分割提示　教材内容をいくつかの場面に分割し、その場面ごとに教材内容の理解を深めて価値へと迫らせる資料提示の方法。そのときどきの葛藤や悩みを体験できるので、臨場感があり、主人公に役割取得しやすい。葛藤や悩みを解決することで価値に迫らせる場合には、この方法がよい。（→一括提示）

ポートフォリオによる評価　ポートフォリオとは、学習活動において児童生徒が作成した作文、レポート、作品、テスト、活動の様子が分かる写真やＶＴＲなどをファイルに入れて保存し、評価に活用する方法。子どもを多面的に見て評価し、その評価を積極的に授業に生かそうとするものである。

保護者参加型　道徳の時間への積極的な参加や協力を得る方法として、保護者参加型の授業がある。保護者参加型の授業は参観日などを利用し、道徳の時間に児童と同じ立場で授業を受けていただく授業形態である。

補助発問　意図する内容を角度を変えて見つめさせたり、子どもたちの反応を焦点化して考えさせたりする発問。（→基本発問、中心発問）

【ま行】

モラル・ジレンマ教材　「善」対「より善」と、子どもたちに気付かせたいより質の高い考えや方向性を含む心情ジレンマ教材に対して、「善」対「善」の価値葛藤を含む教材である。コールバーグの理論に基づいているもので、授業はオープンエンドで行うのが基本とされている。（→心情ジレンマ教材、終末）

【や行】

役割演技　教材中の人物の立場に立って即興的に役を演じ、その立場としての物の見方や考え方を表出しあい、考えあう方法。ロールプレイともいう。演じ手は教材中の台詞をそのまま述べるのではなく、自分が感じ考えたことを言葉や動きにして表す。役割演技で表出された意見や考えを軸にして、価値に迫るようにする。教師と子ども、子ども同士など様々な組み合わせがある。

役割取得能力　自分と他者の視点の違いに気づいたり、相手の立場にたって考えや気持ちを推し量ったり、推し量った考えや気持ちに基づいて自分の取るべき行動を決めたりできる能力で、共感性の認知的側面を代表するもの。

編著者

鈴木　由美子（すずき・ゆみこ）

広島大学大学院教育学研究科教授　教育学博士

主な著書・論文

『ペスタロッチー教育学の研究』（平成５年度日本保育学会保育学文献賞）『自立する力を育てる教育』『幼児教育学総論』（編著）『ペスタロッチー・フレーベルと日本の近代教育』（共著）（以上、玉川大学出版部）『道徳教育実践力を育てる校内研修－「横断的な道徳学習」の創造－』『キャリア教育推進のための研修マネジメント－福山市立網引小学校における実践研究の展開－』（以上、共著）『心をひらく道徳授業実践講座vol. １やさしい道徳授業のつくり方』（編著）（以上、溪水社）ほか。広島県教育委員会の道徳教育推進、広島市教育委員会の規範性育成推進などに協力している。

宮里　智恵（みやさと　ともえ）

くらしき作陽大学子ども教育学部子ども教育学科教授　博士（教育学）

主な著書・論文

『心をひらく道徳授業実践講座vol.1　やさしい道徳授業のつくり方』（共編著、溪水社）『道徳教育実践力を育てる校内研修－「横断的な道徳学習」の創造－』（共著、溪水社）「児童の愛他的態度育成に関する研究－異年齢児交流による直接体験授業の継続に焦点づけて－」（学位論文　広島大学）「愛他性を育てる道徳教育プログラムの開発に関する基礎研究」（単著、日本道徳教育方法学会）「愛他性を育てる道徳教育プログラムの開発に関する基礎研究（２）－異年齢児交流活動における児童の性格特性と活動グループに関する提言－」（単著、日本道徳教育学会）「児童の愛他的態度育成のための直接体験授業と間接体験授業の効果」（単著、広島大学大学院教育学研究科紀要）ほか。

森川　敦子（もりかわ　あつこ）

比治山大学現代文化学部子ども発達教育学科准教授　博士（教育学）

主な著書・論文

『子どもの規範意識の育成と道徳教育－「社会的慣習」概念の発達に焦点づけて－』（単著、溪水社）「規範意識の育成に関する研究－『社会的慣習』概念の発達に焦点づけて－」（学位論文）「子どもの『社会的慣習』と『道徳』との概念区別における基準判断の検討」（単著、日本道徳教育方法学会）「中学１年生の不適応感を解消する道徳教育プログラム開発のための基礎的研究」（共著、日本道徳教育学会）「規範意識を育成するための指導法に関する基礎的研究－子どもたちの『社会的慣習』と『道徳』の逸脱行為を許容する要因の検討－（共著、日本道徳教育学会）　ほか。

執筆者（50音順）

石　川　敬　一（いしかわ　けいいち）　府中市立府中中学校教頭
5章2節担当

大　下　あすか（おおした　あすか）　広島市立戸坂小学校教諭
2章1節担当

大　橋　美代子（おおはし　みよこ）　竹原市立竹原西小学校教諭
2章3節担当

小　原　智　穂（おばら　ちほ）　三次市立三良坂小学校教諭
4章3節担当

木　下　宏　二（きのした　こうじ）　尾道市立長江中学校教諭
5章5節担当

鈴　木　由美子（すずき　ゆみこ）　広島大学大学院教育学研究科教授
1章、2章・3章・4章・5章解説、コラム担当

高　橋　倫　子（たかはし　みちこ）　竹原市立竹原西小学校教諭
4章1節担当

日名貞　秋　典（ひなさだ　あきのり）　三原市立第二中学校校長
5章1節担当

福　永　麻　美（ふくなが　あさみ）　広島市立五日市南小学校教諭
4章2節担当

堀　井　賢　一（ほりい　けんいち）　竹原市立竹原中学校教諭
5章3節担当

宮　里　智　恵（みやさと　ともえ）　くらしき作陽大学子ども教育学部教授
3章1節、5章4節、コラム担当

椋　木　香　子（むくぎ　きょうこ）　宮崎大学教育文化学部准教授
コラム担当

森　川　敦　子（もりかわ　あつこ）　比治山大学現代文化学部准教授
2章2節、3章2節、コラム担当

山　田　聖　児（やまだ　せいじ）　三次市立田幸小学校教諭
3章3節担当

※所属は2014年2月現在。

心をひらく道徳授業実践講座　２巻

子どもが変わる道徳授業

――小中学校タイプ別授業事例集――

平成26年３月31日

編　者　鈴木由美子・宮里智恵・森川敦子

発行所　株式会社　溪水社

広島市中区小町1-4（〒730-0041）

電話（082）246-7909／FAX（082）246-7876

e-mail: info@keisui.co.jp

URL: http://www.keisui.co.jp

ISBN978-4-86327-252-1　C1037